나는 절대
포기하지 않는다

나는 절대 포기하지 않는다

K리그 축구심판
정동식 지음

알에이치코리아

"포기하지 않는 한
희망은 있습니다!"

"착하고 부지런한 사람이요."

"아빠는 어떤 분입니까?"라는 유재석 씨의 질문에 큰아들 현우가 한 대답이었다. 이 한마디에 나는 그동안의 수고가 모두 씻겨 내려가는 기분이었다. 어떻게 보면 너무나 평범한 그 한마디에 나도, 아들도, 촬영장에 있던 스태프들도 모두 울었다. 예기치 못한 눈물이어서 적잖이 당황했지만 나는 갑작스러운 나의 눈물이, 촬영장에 있던 사람들의 눈물이 무슨 의미인지 안다. 고달프고 힘들지만 기를 쓰고 살아온 사람들에게 건네는 작은 위안이었다는 걸.

솔직히 말하면 나도 '여기서 그만하자.'라는 생각을 안 해 본 건 아니다. 해도 해도 나아질 기미는 없고, 살아도 살아도 힘들다 보니 자연스레 그런 생각이 들었다. 그런데 그럴 때마다 나를 일으켜 세운 건 삶에 대한 강렬한 의지였다. '그래, 더 이상 힘들 게 뭐냐, 여기서 어떻게 더 힘들어.' 그런 생각이 들면서 투지가 생겼다. 그러니까 나를 살게 만든 건 열심히 살아온 시간들이었다. 최선을 다해 사는 시간들이 모이고 모이면 삶에 대한 맷집이 생긴다. 배짱이 두둑해지고 웬만한 어려움은 씨익 웃어넘기게 된다. 사람들은 나를 보면 한결같이 이렇게 묻는다.

"심판님은 뭐가 그렇게 즐거워서 맨날 웃어요?"

사람들은 내가 아침마다 거울을 보면서 웃는다는 건 모를 것이다. 일종의 자기 암시이다. 웃는 순간, 하루의 에너지가 꽉 차오르는 기분이다. 그렇게 에너지를 가득 채워 하루를 살면 짜증도 피곤함도 기세가 꺾이는 것 같다. 이런 여유도 치열하게 산 지난날이 있었기에 가능하다고 생각한다.

끝까지 해보면 실패가 아니다

"심판님은 축구선수 출신이에요?"

가끔 이렇게 묻는 사람들이 있다. 그러면 나는 당당하게

"고등학교 때까지 하고 그만뒀어요."라고 대답한다. 그러면 당연한 수순으로 "왜요?"라고 묻고 나는 "재능이 없어서요."라고 답한다. 솔직한 대답에 오히려 질문을 한 상대방이 놀라곤 한다. 겉으로 보기에 난 분명 '실패한 축구선수'이다. 어렸을 때부터 간절히 바라던 꿈이었고, 그 꿈을 이루기 위해 정말 죽을 만큼 열심히 했지만 그렇게 축구에 미쳐보고 나서야 깨달았다. 내 재능이 나의 꿈에 미치지 못한다는 것을. 내 재능은 내 이상을 따라와주지 못했다. 누구는 아쉽지 않느냐고 묻는데, 아쉽지 않다. 이만큼 했으면 할 만큼 했다는 생각이 들었기 때문이다. 후회 없이 최선을 다한 사람에게는 아쉬움이 남지 않는다. 오히려 그 시간들이 추억이 되고 자랑거리가 된다.

선수로서는 실패했을지 모르지만 그렇다고 내 축구 인생이 실패한 건 아니다. 여전히 나는 국내 최고의 선수들과 필드를 뛰고 있지 않은가. 바로 코앞에서 최고 수준의 프로 경기를 직관하면서 말이다.

말하면 이루어진다

수비수로 활약했던 내가 축구심판이 될 것이라고는 나조차 몰랐다. 처음부터 꿈꾸던 일도 아니었고, 그저 자신 있는 분야가 축구이다 보니 먹고사는 데 도움이 되겠다 싶어 아르바이트로 시작한 심판 일이 나를 여기까지 이끌었다. 축구심판이 되어 어디까지 가보고 싶다는 생각은 해보지도 않았다. 그런데 선수들과 그라운드를 함께 누비다 보니 점점 꿈이 생겼고, 그 꿈을 실현하기 위해 노력하다 보니 여기까지 왔다.

나는 내가 원하는 바를 입 밖으로 소리 내어 선언하는 습관이 있다. 일부러라도 그렇게 한다. 그래야 내가 꾸는 꿈이 더 구체적으로 다가와 나를 자극하고 행동하게 만들기 때문이다. 그리고 그렇게 입 밖으로 소망을 말하고 다니면 그것이 누군가의 귀에 들어가 물심양면 나를 돕기도 한다. K리그 심판이 된 것도, 〈유퀴즈〉에 출연하게 된 것도 모두 그렇게 이루어졌다. 평상시 나는 언젠가 꼭 〈유퀴즈〉에 나갈 거라고 입버릇처럼 말하고 다녔다. 그럴 때마다 주위 사람들은 나를 비웃었다.

"야, 거기에 니가 어떻게 나가. 거기가 아무나 나가는 덴 줄 아냐?"

그들 말처럼 어떻게 보면 얼토당토않은 꿈이었다. 나처럼 평범한 사람이 무슨 수로 〈유퀴즈〉에 나가겠는가. 하지만 누가 비웃건 말건 나는 계속 그 소원을 말하고 다녔다. 김민재 닮은 꼴로 유명세를 타면서 한 신문기자와 인터뷰를 하게 됐을 때도 그 말을 했고, 그 덕분에 내 오랜 꿈이 현실로 이루어졌다.

"저 정말 〈유퀴즈〉에 나가고 싶어요, 기자님."

"그래요? 그것도 기사에 써드릴게요."

기자님은 정말 그 내용을 기사로 써주셨고, 그 기사를 〈유퀴즈〉 스태프가 보면서 꿈이 이루어졌다. 아무도 믿지 않았고, 나조차도 과연 그런 일이 일어날까 반신반의하던 일이 기적처럼 이루어진 것이다. 그러니 되든 안 되든 꿈은 꾸는 게 맞다. 그리고 그 꿈을 여러 사람에게 알리고 내 자신에게 다짐하는 게 좋다. 그럼 정말 마법처럼 언젠가는 그 일이 이루어질 테니까.

모든 걸 걸어보았느냐고 묻는다면

방송 출연으로 내 사연이 알려지면서 젊은 친구들을 대상으로 한 강연 요청이 자주 들어온다. 다른 강연도 재미있지만 특히 학생들이나 청년들을 대상으로 한 강연에는 더 공을 들인다. 나의 힘들었던 과거가 그들에게 희망이 되고 위안이 될 수도 있겠다는 생각이 들어서이다. 한 강연회에서 이런 일이 있었다. 강연이 다 끝나고 질문을 받는 시간에 한 젊은이가 손을 번쩍 들더니 이렇게 물었다.

"심판님 강의를 들어보니 정말 미친 듯이 열심히 사시는 것 같아요. 요즘은 파이어족, 워라밸이라고 해서 균형 있는 삶을 많이 얘기하는데요. 과연 심판님처럼 그렇게 치열하게 사는 게 중요할까요? 심판님처럼 그렇게 열심히 살면 뭐해요?"

악의가 있어서 한 질문이 아니라 정말 궁금해서 던진 질문
이었다. 그렇게 열심히 살아서 결국 남는 게 뭐냐는 의문이었
다. 충분히 가질 수 있는 의문이다. 사실 하루에 3~4시간 자면
서 열심히 살아도 엄청난 부와 명예가 따라오는 건 아니다. 나
처럼 하루를 48시간처럼 사는 사람이나 버둥거리지 않고 적당
히 사는 사람이나 사는 건 어차피 힘들고, 거기서 거기라고 생
각할 수 있다. 하지만 단언컨대 절대 그렇지 않다. 사는 맛이
다르다. 누군가에겐 보잘것없을지라도 꿈을 가지고 그 꿈을
실현하기 위해 일분일초를 공들여 사는 사람과 마지못해 사는
사람의 일분일초는 다를 수밖에 없다. 이왕 태어났으니 한번
후회 없이, 재미나게 살아보는 것도 의미 있는 일이 아닐까?
무엇보다 그렇게 살다 보면 무언가 반드시 성취하게 된다. 꿈
에 더 가까이 다가가게 되고, 설령 꿈을 이루지 못하더라도 다
른 기회를 만나게 된다. 그 맛이란 한 시간에 몇백만 원씩 버
는 사람들의 즐거움과 비교해도 결코 뒤지지 않는다.

이 책에 담긴 나의 이야기는 세상 어딘가에서 절망하고 있
을, 나는 왜 이렇게 운이 없을까 한탄하고 있을, 나에게만 세
상의 모든 불운이 닥쳤다고 자신을, 부모를, 친구를 원망하고

있을 사람들에게 건네는 내 방식의 위안이자 응원이다.

　누군가에게 의미 있는 한마디를 남기고 싶은 꿈이 있기에 나는 오늘도 하루를 몇 시간 단위로 쪼개며 살아간다. 김민재 닮은꼴로, 〈유퀴즈〉에 나왔던 사람으로만 머물고 싶지 않기 때문이다. 아들이 내게 해준 말이 부끄럽지 않는 사람으로 살고 싶기 때문이다. 과거의 내 삶이, 앞으로의 내 삶이 누군가에게 희망이 될 거라는 믿음으로 이 책을 건넨다.

2023년 11월

정동식

차례

2장
절실함의 힘 나는 나를 포기하지 않았다

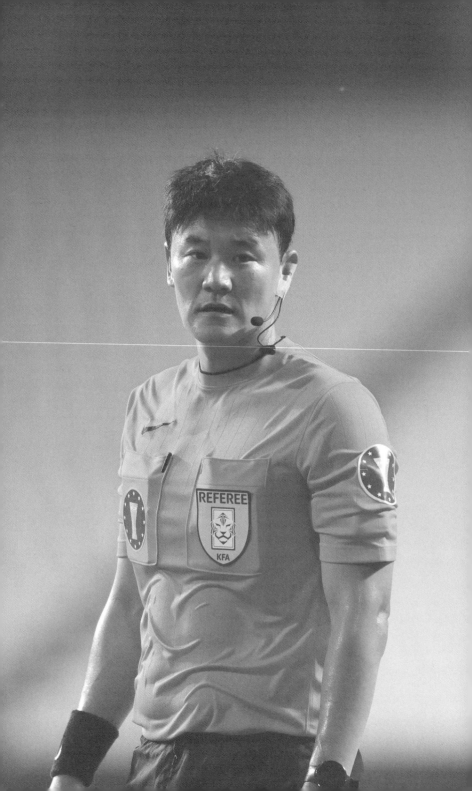

1장 긍정의 힘

김민재 닮은꼴에서
〈유퀴즈〉 출연까지!

내가 김민재를
닮았다고?

"야, 저 심판 김민재 닮지 않았어?"

"오, 진짜 그러네. 완전 쌍둥이 같은데?"

관중석에서 이런 소리가 들리기 시작한 건 김민재 선수가 해외 리그에서 두각을 나타내기 시작한 즈음이었다. 나도 물론 김민재 선수를 잘 알고 있었다. 한국에서 뛸 때도 뛰어난 수비수였지만, 중국, 튀르키예(터키) 리그에서 경기를 뛰면서 실력이 일취월장한 선수였다. 실력도 좋지만 투지까지 대단해서 앞으로가 더 기대되는 선수였다. 그런데 그런 선수와 내가 닮았다니? 그런 생각은 한번도 해본 적이 없어서 어리둥절했지만, 그래도 축구를 잘하는 선수와 닮았다니 기분은 좋았다.

그렇게 축구팬들 사이에서 소소하게 회자되던 이야기가 갑자기 급물살을 탄 건 김민재 선수가 268억 원이라는 거액의 이적료로 이탈리아 세리에A 소속 구단인 SSC나폴리로 옮기면서부터였다. 김민재 선수가 스포츠 뉴스에 자주 등장하고, 유튜브에서도 그의 경기 영상이 인기를 끌면서 덩달아 나도 '김민재 닮은 축구심판'으로 유명세를 타기 시작했다.

"정동식 심판, 보면 볼수록 김민재 선수 닮았네요. 어떻게 저렇게 똑같이 생겼지?"

"김민재 선수 언제 한국에 들어온 거야?"

이런 반응이 담긴 댓글도 심심치 않게 볼 수 있었다. 게다가 심판을 보다 보면 종종 후방의 수비수들보다 내가 더 카메라에 많이 잡힐 때도 있다. 그렇게 얼굴이 자주 노출되니 경기장에서도, 유튜브에서도, 내 개인 SNS에서도 '김민재 닮은꼴'이라는 말이 빠지지 않고 등장했다.

"아빠, 사람들이 김민재랑 아빠랑 닮았대."

"진짜 닮았어? 아빠는 잘 모르겠는데."

"닮았어. 되게 비슷해. 형제 같아."

아이들까지 나서서 그렇게 얘기하니 '진짜 닮긴 닮았나 보다.' 싶었다. 덕분에 나도 전보다 김민재 선수에게 관심이 더 많이 갔다. 김민재 선수 소식이나 경기 영상이 뜨면 괜히 더 찾아보게 되고 더 잘되길 바라는 마음도 들었다. 하지만 빛이 있으면 어둠도 있는 법. 내 얼굴과 이름이 알려지자 언제부턴가 악플도 달리기 시작했다.

"저 심판, 왜 저렇게 나대지? 자기가 축구선수인가!"

"심판이나 잘 보지, 왜 저렇게 유명해지고 싶어서 안달이야?"

나는 달라진 것도 없었고, 내 할 일 하며 지낼 뿐인데 주위에서 나를 들었다가 놨다가 별말이 다 오갔다. 사실 축구심판은 욕먹는 일이 생각보다 많아서 다른 사람들의 말에 크게 동요하지 않으려고 애쓴다. 한 경기의 심판을 보면 판정에 불만을 품은 패한 팀의 팬들로부터 온갖 욕을 다 듣는 게 일상이기 때문이다.

"야, 그것도 심판이라고 보냐? 내가 눈 감고 봐도 그것보단 잘 보겠다."

"쟤는 어떻게 심판이 됐나 몰라. 오심을 너무 많이 해."

어쩌면 심판이란 직업은 이런 악담을 듣는 것이 숙명인지도 모른다. 그런데 이걸 일일이 신경 쓰다간 스트레스로 쓰러질지도 모른다. 물론 아무리 악플이나 욕설에 단련되어 있다고 해도 때때로 기분이 나쁘기도 하고, 우울해지기도 한다. 하지만 그런 기분에 휘둘리지 않으려 애쓴다. 더 정확하게 심판을 보기 위해 노력하고, 행동을 조심할 뿐이다. 내가 할 수 있는 일은 최선을 다하지만 내가 어찌할 수 없는 일들에는 에너지를 쏟지 않는 편이다.

내게 쏟아지는 관심이야 어쩔 수 없는 것이니, 나는 지금의 상황을 그저 즐기고 있다. 요즘은 자신만의 개성을 중요시하고 남들과 다른 점이 매력이라면서 남들과 비슷하다고 하면 좋아하지 않던데, 어쨌든 나는 김민재 선수의 닮은꼴이라는 것이 좋다. 영광스럽기도 하다. 공정성, 엄정함이 요구되는 심판이라는 역할에 충실한 내게 유머 한 스푼을 얹어주는 것도 같고, 무엇보다 사람들에게 이슈가 되고 관심을 받을수록 축구에 대한 관심도 함께 높아지지 않을까 기대하기 때문이다.

내 인생에 찾아온 신기하고도 재미난 경험을 있는 그대로 즐기려고 한다. 내가 할 수 있는 것, 내가 좋아하는 것에 집중하면서 말이다.

새로운 시도를
망설이지 마라

2022년이 저물어가던 어느 날이었다. 모르는 번호로 전화가 걸려 왔다.

"심판님, 안녕하세요. 저는 이탈리아에 살면서 '부오나 세바'라는 유튜브 채널을 운영하고 있는 세바입니다."

유튜브를 검색해 보니 이탈리아에 거주하는 여행 가이드가 만든 채널로, 김민재 선수가 이탈리아에서 좋은 활약을 보여주자 관련 영상을 올려 구독자 수가 폭발적으로 증가한 채널이었다.

"네, 반갑습니다. 그런데 무슨 일이시죠?"

"심판님이랑 유튜브 콘텐츠를 찍고 싶어서요. 축구선수 출신에 현직 심판이시고, 게다가 김민재 선수랑 닮으셨잖아요. 누구보다 김민재 선수 입장에서 축구에 대해 잘 설명해 주실 수 있을 것 같아서요."

"하하, 맞아요. 제가 좀 닮긴 했죠."

"그래서 말인데요. 심판님을 이탈리아로 모셔서 김민재 선수 경기를 같이 보는 영상을 찍으면 구독자들이 재미있어 할 것 같은데…. 어떠신가요?"

처음 경험해 보는 일이고, 축구와 관련된 일이니 솔깃한 제안이었다.

"오, 재밌겠는데요?"

"그렇죠? 그런데 심판님, 아직은 제 채널이 크지 않아서 출연료까지 드릴 수가 없고, 여기 오시면 체재비는 제가 책임질 수 있는데 괜찮으실까요?"

경비가 걸리기는 했다. 나는 세 아들을 키우고 있는 가장인데다 얼마 전 사직서까지 제출한 상태였다. 좀 더 오랫동안 안정적으로 일하고 싶어서 환경공무관 시험을 볼 계획으로 준비하고 있었다. 그러니 이탈리아 왕복 비행기표가 부담스러운 상황이었다. 그래서 잠시 고민했지만 재밌는 기획이고, 또 다른 기회가 될 수도 있겠다는 생각에 흔쾌히 승낙했다.

"재밌을 것 같아요. 우리 한번 만나서 구체적으로 이야기해보죠."

"심판님, 정말 감사합니다! 우리 열심히 해봐요!"

그렇게 세바님과 의기투합을 하고 이탈리아로 갈 계획을 세웠다.

사람들은 말한다. 인생에서 기회는 세 번 온다고. 하지만 막상 기회가 와도 이게 그 세 번 온다는 기회 중 하나인지 아닌지 잘 몰라 거절하는 경우도 많다고 한다. 그래서 나는 내게 오는 제안은 금전적으로 투자해야 하는 일만 아니라면 거절하지 않고 도전한다. 이번이 그 세 번의 기회 중 하나일지 어떻게 알겠는가.

나는 무엇인가 일을 처리하거나 결정해야 할 때 많은 생각을 하는 편이 아니다. 나나 주변에 불이익이 되는 것만 아니라면 '일단 해보자.' 하고 마음먹는다. 해보고 아니면 말면 되잖는가. 일단 결심이 서면 실행에는 더욱 주저하지 않는다. 그렇지 않으면 매번 똑같은 것만 하면서 살아야 하지 않을까. 〈유퀴즈〉 출연도 내겐 새로운 경험이었고, 세바님의 유튜브 출연 제안도 내겐 낯선 것이었다. 어쨌든 새로운 경험을 할 수 있는 것이라면 일단 주저하지 말자. 그래야 뭐라도 될 테니 말이다. 어쨌든 새로운 것을 받아들일 때 '재밌겠다, 즐기자.'라고 생각하면 낯선 경험에 대한 두려움도 사라지곤 한다. 물론 '축구심판이 무슨 유튜브 출연이야?' 하면서 곱지 않은 시선으로 나를 보는 사람들도 있었다. 하지만 그런 시선에 연연할 필요는 없다. 체면치레할 필요도 없고, 사람들 말에 휘둘리며 자존심을 세울 필요도 없었다. 그때 나는 이렇게 생각했었다.

'심판이라고 유튜브 출연하면 왜 안 돼? 해봤어?'

어쨌든 나는 설레는 마음으로 다른 유튜브 채널들도 보면서 어떻게 기획하는 게 좋을지 나름 구상해 보며 시간을 보냈고, 다니던 직장을 그만둔 뒤 환경공무관 시험을 봤다. 떨어질 거란 생각은 안 했지만 붙을 거라는 확신은 없었다. 경쟁률이 너무 높았기 때문이다. 다행히 체력 테스트는 거의 모든 종목에서 1등을 했고, 면접도 좋은 분위기 속에서 잘 마쳤지만 결과는 나와봐야 아는 것이니 장담할 수는 없었다. 그리고 마침내 합격자 발표일이 다가왔다. 감사하게도 합격! 나이 마흔이 넘어서 이직을 한다는 건 쉬운 일은 아니다. 더구나 한번도 해본 적이 없는 거리의 청소부가 된다니 걱정이 되기도 했다. 하지만 누구보다 열심히 준비했고, 최선을 다한 덕분에 합격할 수 있었다. 정년이 보장되는 환경공무관 시험에 합격하고 나니 이제 미래에 대한 불안감 없이 아이들을 키우고, 내 인생을 꾸려갈 수 있겠다는 생각에 기운이 솟았다.

그렇게 한시름 놓고 합격의 기쁨을 마음껏 누리고 있었는데, 불현듯 세바님이 떠올랐다. '이탈리아로 가기로 했는데 이를 어쩐다.' 환경공무관에 합격하면 3개월의 수습 기간이 있다. 수습 기간에는 휴가를 쓸 수 없기에 해외여행을 가는 건 불가능했다. 아쉬웠지만 어쩔 수 없었다. 김민재 선수 한번 만나겠다고 생업을 포기할 수는 없는 일 아닌가.

"세바님, 정말 미안해요. 제가 합격하는 경우를 생각하지 않고 덜컥 약속을 잡아버렸네요."

"아, 정말 아쉬워요, 심판님."

"미안합니다. 수습 잘 마치고 5월이나 6월경으로 다시 한번 날짜 잡아봐요. 그때는 내가 꼭 갈게요."

"네, 어쩔 수 없죠. 그때는 꼭 오셔야 해요!"

세바님과의 약속은 그렇게 허무하게 마무리되었다. 5월이나 6월에 꼭 만나자고 했지만, 둘 다 사는 게 바빠서 서로 연락이 뜸해졌고, 나폴리에서 만나자는 약속도 흐지부지되고 말았다. 나도 새로운 일에 적응하느라 정신이 없기도 했다. 그렇게 없던 일이 되나 보다 하고 있던 참에 생각지 못한 기회가 다시 찾아왔다. 김민재 선수가 소속팀을 우승으로 이끌 정도로 대단한 활약을 보여주기 시작한 덕분이었다.

"김민재 닮은꼴,
이탈리아로 넘어와, 컴온"

"심판님, 안녕하세요. '슛포러브'라는 유튜브 채널의 심기
웅 피디입니다."

어느 날 걸려 온 전화 저편에서 한 남자가 그렇게 인사를
건넸다. 슛포러브라면 나도 잘 알고 있는 채널이었다. 구독자
수 150만 명이 넘는 우리나라 최고의 축구 전문 채널 아닌가.

"슛포러브 잘 알죠. 저도 자주 봐요. 그런데 저한테 무슨 일
이시죠?"

"김민재 선수, 지금 이탈리아에서 터졌잖아요. 그래서 심판
님이랑 나폴리를 방문하고 싶어서 연락드렸어요. 지금 SSC나

폴리가 시즌 우승을 앞두고 있어서 현지 분위기가 엄청 뜨겁거든요. 심판님이랑 같이 이탈리아에 가서 구독자들에게 현지 반응을 생생하게 보여주면 좋을 것 같아요. 아주 좋은 이벤트가 될 거예요."

"아, 좋네요! 너무 재밌을 것 같아요!"

이번에는 이야기가 급물살을 탔다. 나도 거취가 불분명했던 지난번과 달리 매우 적극적으로 나섰다. 김민재 선수 경기를 직접 볼 수 있다니 마다할 이유가 없었다. 나폴리 사람들이 정말 김민재 선수를 잘 알고 있는지, 어떻게 생각하는지 궁금하기도 했다. 담당 피디와 나는 몇 번 만난 사이처럼 금방 친해졌다. 축구라는 연결고리가 있으니 대화도 잘 통했다. 하지만 슛포러브와 일을 진행하기 전에 먼저 양해를 구할 사람이 있었다. 세바님이었다. 나는 세바님에게 전화를 걸어 자초지종을 설명했다.

"슛포러브에서도 비슷한 취지의 섭외가 들어와서 진행해볼까 해요. 우리가 먼저 진행하던 일이니 양해를 구해야 할 것 같아서요."

"어휴, 심판님! 잘됐네요. 그쪽은 구독자 수도 많고, 저희 채널하고는 비교도 안 되죠. 그쪽에서 영상을 찍으시는 게 심판님에게도 더 좋을 것 같으니 걱정하지 마시고 진행하세요.

이탈리아에 오시면 제 채널에도 한 번 출연해 주시면 감사하고요."

상대를 배려해 주는 세바님의 태도에서 또 한 번 배웠고, 그렇게 일은 일사천리로 진행됐다. 2023년 4월 26일부터 5월 2일까지 나폴리에 체류하면서 나폴리 시내를 관광하고, SSC나폴리의 경기를 관람하는 일정이었다. 그 기간 중에 SSC나폴리가 우승을 확정 짓는다면 더 바랄 것이 없었다.

비행기를 탈 때부터 기대감으로 심장이 터질 것처럼 뛰었다. 한국 사람이라면 누구나 해외 리그에서 뛰는 한국 선수들을 보면 그런 기분이 든다. 이른바 국뽕이라고 해도 어쩔 수 없다. 아시아의 작은 나라에서 공 차던 선수가 체격 조건이 월등히 좋은 세계적 스타들과 어깨를 나란히 하고 경기를 뛰는데 어떤 축구팬이 감격하지 않겠는가. 그 경기를 직접 보고 현장감을 느낄 수 있다니 설렘으로 가슴이 뻐근해질 정도였다. 그것도 나랑 닮은 김민재 선수의 활약을 보러 간다니 감회가 더 남달랐다. 그런 기대감을 안고 비행기를 탔다. 그런데 나폴리 공항에서부터 예상치 못한 반응이 오기 시작했다.

"너, 김민재 아니야? 경기장에 있지 않고 왜 여기 있어?"

"와, 너 진짜 김민재야? 사진 좀 찍어줘!"

외국인들이 보기에도 내가 김민재 선수와 닮은꼴로 보인다

나폴리는 세리에A리그 우승에 대한 기대로 온 도시가 들썩이고 있었다. 나를 김민재 선수로 안 시민들은 사진 요청을 해왔다.

니 너무 신기했다. 우연히 축구팬을 만났나 보다 하고 기쁜 마음으로 사진을 찍어준 뒤 숙소를 찾아 나폴리 시내로 들어섰다. 그러자 일이 더 커졌다. 몇몇 사람이 신기한 듯 다가오더니 물었다.

"너, 킴이야?"

얼마 지나지 않아 지나가던 사람들까지 하나둘 내 주위로 몰려들기 시작했다. 사진 촬영부터 사인 요청까지 사람들은 흥분을 감추지 못하고 나를 둘러쌌다. 이탈리아 사람들이 흥분을 잘하고 흥이 많다는 얘기는 들었지만 이 정도일 줄은 몰랐다. 나와 피디는 예상보다 더 뜨거운 반응에 당황해서 큰 소리로 외쳤다.

"이 사람은 킴이 아니야! 그냥 닮은 사람이야. 진정해!"

"난 김민재가 아니라 닮은꼴이야!"

하지만 사람들은 아랑곳하지 않았다.

"상관없어. 킴이 나폴리에서 너무 잘해 주고 있는 한국인이고, 너도 한국인이잖아. 근데 너 진짜 닮았다!"

"킴은 나폴리의 영웅이야. 넌 영웅이랑 닮았으니까 너도 작은 영웅이야."

사람들은 크게 웃고 떠들며 사진을 찍자고 아우성이었다. 그때부터 나도 슬슬 흥이 오르기 시작했다. 김민재 선수와 같은 한국인이라는 이유 하나만으로 이런 환대를 받다니 어깨가 솟아올랐다. 발걸음을 뗄 수 없을 만큼 사람들이 몰려들면서 나와 피디는 가까스로 움직였다. 마치 스타가 된 기분이었다. 무엇보다 김민재 선수라는 이름 하나로 이렇게 많은 사람들과 즐거움을 나눌 수 있다는 게 재밌었다. 나는 사진을 찍자고 요청해 오는 사람들과 일일이 악수를 하며 사진을 찍어주고 사인도 해줬다. 사람들은 점점 많아졌고, 어떤 청년들은 "킴킴킴킴!"을 외치며 나를 둘러싸기도 했다. 언어, 국적, 인종 그런 건 아무런 문제도 되지 않았다. 함께 열정을 나누는 일은 모두를 행복하게 만들어주니까.

나폴리 거리에
김민재가 나타났다고?

숙소에 들어온 우리는 완전히 혼이 나간 상태였다.

"심판님, 대단한데요. 예상했던 것 이상이에요."

"나도 놀랐어. 김민재 선수가 이 정도야?"

"당연하죠. SSC나폴리가 지금 33년 만에 우승을 앞두고 있잖아요. 그럴 만하죠. 아까 거리 보셨죠? 마라도나 깃발이랑 김민재 깃발이랑 같이 있던데요."

나는 혀를 내둘렀다. 김민재 선수의 인기를 가늠하기는 했지만, 이 정도일 줄은 상상도 하지 못한 터였다.

"재밌는 그림이 나올 것 같아요."

담당 피디는 한껏 신이 나서 이야기했다.

"여기까지 왔는데, 재밌는 영상 만들어봐야지. 내일은 뭘 할까?"

나도 덩달아 흥이 났다.

"내일은 통역사도 한 명 올 거예요. 같이 나폴리 시내에 다시 한번 나가보죠."

우리는 잠도 자지 않고 오랫동안 아이디어를 주고받으며 어떤 영상을 찍을지 머리를 맞댔다. 피디는 내가 적극적으로 의견을 내자 무척 좋아했다. 낮에도 사람들과 재밌게 놀아줘서 쓸 영상이 많다며 편집도 쉬울 것 같다고 했다.

"내가 뭐든 하면 잘하지!"

내 얘기에 피디는 함박웃음을 지었다. 나는 어떤 일이든 일단 시작하면 어떻게든 잘하려고 노력한다. 아무리 작고 사소해 보이는 일일지라도 말이다. 하물며 내가 좋아하는 축구와 관련된 일이라면 더 재밌게 해낼 수 있지 않겠는가. 게다가 함께 간 개미 피디의 열정도 내 의지를 더욱 불타오르게 했다. 그는 일정 내내 한손에는 핸드폰을, 한손에는 고프로를 들고 한 장면도 놓치지 않으려는 듯 끊임없이 촬영하더니 밤에는 촬영본을 편집하기 위해서 2시간도 채 자지 못했다.

사실 이탈리아로 출발하기 전 공항에 그가 혼자 나온 것을 보고 깜짝 놀랐었다. 당연히 스태프가 몇 명 더 같이 가고, 피디는 기획이나 총괄만 할 거라고 생각했기 때문이다.

"어, 다른 스태프들은 어디 갔어요?"

"저 혼자 가는데요. 예산이 넉넉하지 않아서요."

"아니 슛포러브가 제일 큰 유튜브 채널인데 못해도 4~5명은 같이 가야 하는 거 아니에요? 나 같은 K리그 축구심판을 모시고 가면서 혼자만 간다고요?"

나는 농담으로 너스레를 떨어보기도 했는데 돌아온 그의 대답은 믿음직하고 단단했다.

"걱정 마세요. 제가 기획부터 제작까지 다 할 수 있어요."

실제로 그는 일정 내내 얼굴이며 발바닥에 땀방울이 차오르면서도 지치지 않고 열정을 불태웠다. 그 모습을 보면서 그 역시 축구에 진심이라는 생각도 했고, 자신이 좋아하는 일을 이토록 열심히 열정적으로 해내는 모습에 감동도 받았다. 그러니 내가 더 잘해야겠다고 생각한 거다.

다음 날, 우리는 나폴리 시내로 나가보았다. 광장에는 SSC 나폴리 소속 선수들의 얼굴이 새겨진 깃발이 만국기처럼 걸려 있었고, 주택의 베란다마다 응원 깃발이 나부끼고 있었다. 나폴리는 도시 전체가 축제 분위기였다. 이들에게 축구가 어떤 의미인지, 얼마나 오랫동안 우승을 염원해 왔는지 알 수 있는

광경이었다. 2002월드컵 이후로 이런 기분은 처음이었다. 한국어를 전공한 이탈리아인 로사를 만나러 가는 길에도 사람들은 나를 알아보고 사인과 악수를 청했다. 그렇지 않아도 들썩이는 축제 분위기에 내가 화룡점정이 된 듯했다.

통역을 하러 온 로사는 이탈리아인으로 한국어학 석사였다. 한국말을 유창하게 하는 그는 우리 주위로 아이들이 계속 몰려오자 당황해서 소리쳤다.

"얘들아, 이 사람 킴 아니야. 그냥 닮은 사람이라고!"

그래도 돌아가는 사람은 없었다. 당황한 로사는 피자 가게 주인에게 피자 박스와 사인펜을 얻어 박스 뒷면에 큰 글씨로 이렇게 썼다.

"나는 김민재가 아니에요. 그냥 닮은꼴이에요."

나는 로사가 건네준 피자 박스 팻말을 머리 위로 들었다. 하지만 소용이 없었다. 오히려 그 팻말을 들고 사진을 찍자고 했다. 도시는 이미 축제 분위기에 빠져 있었기 때문에 내가 가짜 김민재든 진짜 김민재든 상관없어 보였다. 마침내 로사도 해명을 포기했다.

"그냥 즐기세요!"

카페 주인도, 채소 가게 사장도, 아들이 축구 광팬이라는 아주머니도, 어린아이들도 나에게 사인을 받느라 정신이 없었다.

나에게 김민재 선수 대신 군대 가라고 농담을 던졌던 택시 기사 아저씨. 그리고 좌우로 슛포러브의 개미 피디와 통역을 맡아준 로사.

어떤 피자집 사장님은 공짜 피자를 주기도 했다.

"너, 킴의 나라에서 왔다며? 킴 덕분에 우리 나폴리가 우승을 앞두고 있어. 이건 선물이야. 축제를 즐기자고!"

지나가던 택시 기사 아저씨는 내 얼굴을 보더니 택시를 멈추고는 나를 향해 고함을 쳤다.

"너, 킴 닮은꼴이야? 그럼 네가 킴 대신 군대를 가는 건 어때? 킴은 여기에서 더 뛰고!"

기사 아저씨의 말에 주위에 있던 사람들이 박수를 치며 웃었다. 할 수만 있다면 그러고 싶었다. 사람들과 흥에 겨워 어울려 놀다 보니 갑자기 이탈리아가 제2의 고향처럼 느껴졌다. 말은 통하지 않았지만 그들의 열정과 호의가 진실되게 다가왔다. 왠지 가슴이 뜨거워졌다. 축구라는 스포츠 하나로 모두 하나가 되고, 아무런 편견 없이 모두 행복해질 수 있다는 게 기적처럼 느껴졌다. 이게 스포츠의 힘이고, 사람들과 나눌 수 있는 우정이라는 생각이 들었다. 김민재 선수의 활약도 너무 감사했다.

5월 1일, 경기를 이긴다면 SSC나폴리는 우승을 확정 지을 참이었다. 과연 그 영광의 순간을 내 눈으로 볼 수 있을까? 두근거리는 마음으로 그날을 기다렸다.

축제의 주인공이 된
가짜 킴!

드디어 축제의 날이 밝았다. 나와 개미 피디는 아침부터 준비하느라 정신이 하나도 없었다. 그 와중에도 내가 꼭 준비하고 싶은 게 있었다. 바로 SSC나폴리의 응원가를 외우는 것이었다. 전날까지 SSC나폴리 응원가를 인터넷으로 찾아 외우다가 갔는데 제대로 하려면 아무래도 현지인한테 배우는 게 좋을 것 같았다.

"경기장에서 이탈리아 말로 응원가를 같이 부르면 좋을 것 같아. 그게 예의이기도 하고."

"오, 역시 축구인은 생각이 다르네요!"

우리는 숙소 옆 과일 가게 청년들에게 갔다. 숙소를 정할 때부터 친절을 베풀던 청년들이었다. 청년들 앞에서 인터넷으로 익힌 응원가를 흥얼흥얼 불렀더니 단박에 무슨 뜻인지 알고 발음을 알려주었다.

"라세네바~! 라카오미카세네바~!"

나는 청년들이 가르쳐주는 대로 응원가를 따라 불렀다.

"오, 잘하는데? 너 저기 광장으로 가봐. 저기서 지금 축제 중이야. 네가 가서 그 노래를 부르면 사람들이 좋아할 거야."

청년이 손짓한 곳에는 벌써부터 사람들이 모여서 깃발을 흔들며 노래를 부르고 있었다. 나는 이번에도 '나는 김민재가 아니에요. 그냥 닮은꼴이에요.'라고 적힌 팻말을 들고 사람들 무리 속으로 들어갔다. 축제가 열린 성당 앞 광장으로 가는 중에도 나를 알아본 사람들이 "킴킴킴킴!"을 외쳤다. 이발소에서 머리 감다 말고 나온 아저씨와 직원들과는 방금 배운 응원가를 함께 불렀다. 내가 부르는 응원가에 기분이 좋아진 사람들은 나를 축제가 열린 광장 한가운데로 데려갔다.

경기가 시작하려면 한참이나 남았는데 광장에 모인 사람들은 SSC나폴리 응원가를 목이 터져라 부르며 깃발을 흔들고 있었다. 나는 사람들에게 끌려가다시피 하여 광장의 중심인 성당 앞에 섰다.

"얘들아, 여기 킴이 왔어! 여길 보라고!"

청년들이 흥분해서 소리치니 사람들이 일제히 나를 주시하면서 광장이 떠나가라 함성을 질렀다. 그때 어디서 그런 용기가 나왔는지 모르겠지만, 나는 사람들을 향해 조용히 하라고 손을 내저었다. 내 주위에 있던 청년들이 내 뜻을 알아차리고 사람들을 향해 소리쳤다.

"조용히 해, 조용히! 다들 조용히 해봐!"

청년이 크게 소리를 지르자 정말 광장이 조용해졌다. 나는 그 순간을 놓치지 않고 목소리를 높였다.

"원 투, 원 투 쓰리 포! 라세네바~! 라카오미카세네바~!"

내 입에서 나온 뜻밖의 응원가에 군중들은 조금 놀란 듯 보였다. 현지어로 응원가를 부를 줄은 몰랐던 모양이다. 잠시 조용했던 광장은 순식간에 함성과 응원가로 뒤덮였다. 그들은 발을 구르며 나를 둘러싸고 응원가를 부르기 시작했다. 모두가 하나가 됐다. 한 청년은 나에게 목마를 타라고 했다. 손을 내저었지만, 정신을 차리고 보니 어느새 목마를 타고 있었다. 축제의 주인공이 된 나를 향해 사람들이 "킴킴킴킴!" 구호를 외치기 시작했다. 나는 그들에게 손을 흔들며 계속 응원가를 불렀다. 나를 찍던 피디가 카메라 뒤에서 연신 웃음을 터뜨리고 있었다.

"너 왜 관중석에 있어.
필드에서 뛰어야지!"

SSC나폴리 경기가 열리는 디에고 아르만도 마라도나 스타
디움까지 나폴리 시민들과 함께 갔다. 가는 내내 나폴리 사람
들과 어깨를 걸고 응원가를 불렀다. 깃발을 흔들고 부부젤라
를 부는 축구팬들이 옆에서 흥을 돋우었다. 경기장 앞에 도착
하니 누군가 〈강남스타일〉을 틀었다. 놀라운 건 여전히 그 춤
을 기억하는 나폴리 사람들이 있다는 사실이었다. 그들과 함
께 〈강남스타일〉 춤도 추고, 김민재를 연호하며 서로에게 승
리의 기운을 잔뜩 불어넣었다.

스타디움은 5만 5,000명을 수용할 수 있는 어마어마한 크

기였다. 경기장에 들어서자마자 그곳의 분위기에 압도당하는 기분이었다. 나도 스타디움에서 심판을 보지만 이렇게 5만 5,000여 명의 관중이 꽉 찬 경기장에서 심판을 본 적은 없었다. 어쩐지 감격스러웠다. 이런 거대한 스타디움에서 우리나라 선수가 마음껏 기량을 뽐낸다는 것도, 내가 그들과 함께 어쩌면 우승의 기쁨을 나눌 수 있을지 모른다는 것도 믿기 어려울 정도로 감격스러웠다. 축구선수로서는 이루지 못한 꿈이지만, 그리고 심판으로서도 어쩌면 이루지 못할 꿈이지만, 나는 그저 내가 축구를 사랑하는 축구팬이자 축구인이라는 사실이 자랑스러웠다. 선수가 아니면 어떤가. 축구를 마음껏 즐길 수 있는 팬으로도 이렇게 행복할 수 있는데 말이다.

내 좌석을 찾아 계단을 내려가는 동안에도 많은 관중들이 나를 보며 환호해 주었다. 악수를 청하는 사람, 사진을 부탁하는 사람, 어깨동무하며 엄지손가락을 치켜세우는 사람 등 반응도 가지각색이었다. 그중 한 청년이 나를 향해 크게 외쳤다.

"킴, 너 왜 관중석에 있어. 필드에서 뛰어야지!"

그 소리에 주위에 있던 사람들이 와자하게 웃었다. 유쾌하고 즐거운 사람들이었다. 이탈리아 사람들이 우리나라 사람들과 비슷한 성향을 가졌다는 말은 정말 맞는 것 같았다. 열정적이고 흥이 많고 누구나와 금방 친해지는 사람들 덕에 정말 한

순간도 지루할 틈이 없었다.

경기가 시작되기도 전에 경기장은 사람들이 쏘아 올린 폭죽으로 알록달록 연기가 피어올랐고, 거대한 깃발이 나부끼면서 벌써부터 승리를 축하하는 듯했다.

곧 경기가 시작되었고, 경기장은 고막을 뚫을 듯한 거대한 함성 소리로 뒤덮였다. 필드를 종횡무진 뛰어다니는 선수들의 열정, 나부끼는 응원 깃발과 승리를 염원하는 축구팬들의 에너지를 느끼다 보니 왠지 모르게 눈물이 터져 나올 것 같았다. 축구를 향한 그들의 순수한 사랑이 내 심장을 마구 두드렸다.

'그래, 이게 축구지. 이게 스포츠고, 이게 스포츠의 힘이야. 내가 사랑하는 축구가 바로 이런 거야.'

열광하는 관중들 틈에서 갑자기 눈시울이 붉어졌다.

"형님, 지금 우세요? 왜요? 왜 우세요!"

깜짝 놀란 피디가 관중들의 함성을 뚫고 눈을 동그랗게 뜨며 물었다.

"모르겠어. 이게 무슨 기분이지? 이 사람들 반응을 보니까 이렇게 열정적으로 축구를 사랑하는구나 싶어서 괜히 눈물이 나. 나도 왜 이러는지 모르겠어."

그때 나는 내가 축구를 얼마나 사랑하는지 다시 한번 깨달았다. 가슴이 뜨겁게 달아올랐다. '한국으로 돌아가면 꼭 축구

공을 차야지.' 그런 엉뚱한 생각도 했다.

그날의 경기는 1대 1 무승부로 끝났고, 아쉽게도 나는 나폴리의 시즌 우승을 직접 보지는 못했다. 하지만 SSC나폴리는 승점 80점을 기록해 승점 64점을 기록한 SS라치오를 제치고 2022~2023시즌 우승컵을 차지했다. 디에고 마라도나가 팀을 이끌던 1989~1990시즌 이후 33년 만의 우승이었다. 김민재 선수는 주전 센터백으로 33경기 중 32경기를 뛰는 맹활약을 보여주면서 팀을 우승으로 이끈 주역이 되었다.

나는 경기가 끝난 후에도 우승을 앞두고 있는 도시의 흥분과 기대감, 사람들의 행복감을 마음껏 즐겼다. 나도 내 안에 이런 넘치는 끼가 있는지 몰랐다. 사람들과 어울려 응원가를 부르고 춤을 추고 인사를 나누고 서로를 안아주면서 소통하다 보니 하루하루가 너무나 재미있었다. 나를 이렇게 환대해 준 나폴리 시민들, 한국을 이렇게 빛내주는 김민재 선수 모두에게 땡큐!

말하는 대로,
생각한 대로

4박 6일간의 나폴리 여행은 그렇게 뜨거움을 남기고 끝났다. 한국으로 돌아오는 내내 나는 그 열기에서 좀처럼 헤어 나오기가 힘들었다. 그리고 다짐했다. 내가 뛸 수 있는 최후의 순간까지 필드를 달리겠다고. 안일하게 습관적으로 경기를 보는 심판이 아니라 마지막처럼 경기에 임하는 심판이 되겠다고. 그게 내가 축구를 사랑하는 방식이라고.

내가 축구심판으로 경기를 뛸 수 있다는 사실이 너무 감사했다. 내가 만약 축구선수였더라도 지금쯤은 은퇴했을 게 분명하다. 어쩌면 아무도 이름을 기억하지 못하는 선수였을지도 모른다. 하지만 지금 나는 여전히 경기장을 뛰어다닌다. 얼마나 행운인가. 여기까지 오는 건 죽을 만큼 힘들었지만 새삼 지금의 내가 대견했다.

한국에 도착하고 보니 나폴리에서 찍은 '슛포러브'의 동영상은 조회 수가 600만 회를 넘는 등 엄청난 인기를 끌었다. 다른 뉴스 채널에서도 내 소식을 다루었다. 그러다 보니 길을 걸어가는데도 날 알아보는 사람들이 생겼고, 경기 심판을 보러 경기장에 가면 관중석에서 내 진짜 이름을 부르는 사람들도 있었다. 아이들과 휴일에 축구 경기를 보러 가면 사람들이 사진을 찍자며 다가왔다.

"나폴리 동영상 잘 봤어요. 심판님, 진짜 잘 노시던데요."

"심판님, 정말 너무 재밌었어요! 앞으로도 파이팅!"

아이들은 사람들이 나를 알아보고 사인을 요청하고 사진을 찍자고 하자 신기한 모양이었다. 어리둥절해하는 모습이었지만 한편으로는 자랑스러워하는 것 같았다. 가슴이 쫙 펴진 아이들을 보니 나도 괜히 어깨가 으쓱해졌다.

나는 나를 향한 사람들의 관심을 기꺼이 즐겼다. 경거망동했다는 게 아니라 다시없을 그런 경험에 당황해서 숨고 싶지 않았다는 뜻이다. 그동안 축구심판에 대한 이미지가 근엄하고 엄격했다면, 나는 그런 이미지와는 조금 다른 심판이 되고 싶었다. 물론 내가 심판을 보는 경기에 방해가 되거나 주객이 전도되는 일은 없어야겠지만, 그 선을 잘 지키면서 친근하고 재미있는 심판이 되고 싶다. 그리고 만약 그 덕에 심판에 대한 인지도가 달라지고 저변이 넓어진다면 그것처럼 좋은 일도 없다고 생각한다. 그래서 나는 어느 매체든 출연 제의가 오면 내 일에 방해가 되지 않는 선에서 모두 응했다.

그러던 어느 날, 〈중앙일보〉에서 인터뷰를 하고 싶다는 연락이 왔다. 슛포러브 동영상을 보고 스포츠 전문 기자가 연락해 온 것이다.

"심판님, 나폴리 다녀오신 동영상 잘 봤습니다. 영상에는 실리지 않은 이야기를 더 듣고 싶어서요. 현지 분위기도 전해주시고, 사람들이 잘 모르는 축구심판에 대한 이야기도 한번 해주시죠."

마다할 이유가 없었다. 인터뷰는 정말 즐거웠다. 기자님 역시 축구팬이어서 우리는 쉴 새 없이 축구에 관한 이야기를 나누었다. 게다가 기자님이 내가 살아온 인생에 대해 진심으로 인정해 주고 크게 공감해 주어 더 좋았다.

"심판님, 참 대단하시네요. 그렇게 어렵게 살아오신 줄 몰랐어요. 말씀해 주신 내용 솔직하게 써도 되죠?"

"물론이죠. 다 써주세요. 그리고 지금 우리나라 축구심판들이 얼마나 고군분투하면서 일하고 있는지도 꼭 써주세요. 축구팬들도 잘 모르시더라고요."

"알겠습니다. 거리를 청소하는 축구심판이라는 것 자체가 흥미로워요. 사람들이 재미있어할 거예요. 지금보다 더 유명해지실걸요."

"하하하, 그럼 좋죠."

"마지막으로 하고 싶은 말 있으세요?"

"제가 욕심이 좀 많아요. 저로 인해 축구심판에 대한 인식이 더 좋아진다면 바랄 게 없겠습니다. 참, 그리고 저 〈유퀴즈〉에도 출연하고 싶어요. 이건 꼭 써주세요."

그냥 하는 말이 아니었다. 나는 몇 년 전부터 내 버킷리스트에 〈유퀴즈〉 출연을 최우선 순위에 올려놓고 있었다. 사람들은 니가 무슨 〈유퀴즈〉에 나가냐고 비웃었지만, 나는 사람들이 그러거나 말거나 끊임없이 '〈유퀴즈〉 출연'을 주문처럼 외우고 다녔다. 내가 거기에 나갈 만큼 대단한 사람은 아닐지 모르지만, 나처럼 평범하다 못해 어렵고 힘들게 살아온 사람이 〈유퀴즈〉에 나가 인터뷰를 할 수 있다면 그런 나를 보며 희망을 갖는 사람이 분명히 있을 거라고 생각했다.

기자님은 그 내용을 꼭 기사로 써주겠다고 약속했다. 밑져야 본전이었다. 출연하게 되면 좋은 거고, 아니면 또 어떤가.

1장 긍정의 힘

다음으로 미루면 되는 일이다. 그런데 이게 무슨 일인가. 얼마 뒤 정말 〈유퀴즈〉 작가에게서 연락이 왔다.

"정동식 심판님, 안녕하세요. 〈중앙일보〉 기사 잘 봤어요. 저희 프로에 출연하고 싶다는 말씀 때문이 아니라, 정말 저희 프로에 나올 만한 분이셔서 연락드렸어요. 출연 가능하신가요?"

전화를 받으면서도 이게 꿈인지 생시인지 믿어지지 않았다. 이렇게 빨리 꿈이 이루어진다고? 정말 이루고 싶은 일을 입 밖으로 말하고 다니면서 자기 최면을 걸면 실제로 이루어지는 건가? 정말 놀랐고 또 감사한 마음이 밀려들었다.

"물론이죠. 무슨 일이 있어도 나가야죠. 고맙습니다. 정말 고맙습니다!"

전화를 끊고 생각했다. 꿈꾼다는 것, 남들이 뭐라고 한들 상관없이 내가 이루고 싶은 꿈을 믿는다는 건 결국 '일단 해보자.'라고 마음먹는 것이다. 안 되어도 상관없다. '일단 뭐라도 해보자.' 하고 내디딘 한 걸음이 이렇게 내 꿈에 한 걸음 더 다가가게 해주었다. 그러니 일단 고^{go}!

"착하고 부지런한 아빠"
고맙다, 아들!

〈유퀴즈〉 녹화가 있던 날, 큰아들 현우와 함께 녹화장으로 향했다. 너무 떨려서 심장이 터질 것 같았지만 숨을 크게 내쉬며 마음을 가라앉히려고 애썼다. 평생의 소원을 이루는 날인데 떨다가 일을 망쳐버리면 안 되니까.

〈유퀴즈〉 출연이 결정되고 가족들 모두가 좋아했지만, 특히 아이들이 가장 기뻐했다. 아이들 모두가 녹화장에 가고 싶어 했는데 사정상 그럴 수는 없었고, 큰아들만 데려가기로 했다. 한창 사춘기라 힘들어하는 아이에게 힘을 주고 싶었다. 내가 살아온 지난날에 대해 진솔하게 이야기할 수 있는 프로그램이니 진로 때문에 고민하는 아들에게도 도움이 될 것 같았다.

녹화는 생각보다 무척 편안했다. 유재석 씨와 조세호 씨는 베테랑 진행자답게 출연자를 매우 친근하게 대해줬고, 그분들 옆에 있으니 방망이질 치던 심장도 차분해졌다. 내가 살아온 이야기를 솔직하게 털어놓다 보니 감정이 격해지는 순간도 있었지만, 김민재 선수 닮은꼴로 시작해 나폴리 여행, 그리고 삶의 역경까지 가감 없이 털어놓으니 어쩐지 후련해지는 기분이었다. 어떻게 이야기했는지 정신이 하나도 없는 와중에 녹화는 거의 마무리되었고, 유재석 씨는 카메라 뒤에 앉아 있던 아이를 보더니 갑자기 질문을 던졌다.

"아빠는 어떤 분입니까?"

녹화 내내 한번도 흐트러지지 않고 이야기를 유심히 듣고 있던 아들이 주저하지 않고 답했다.

"착하고 부지런한 사람이요."

생각지도 못했던 아이의 말에 울컥하며 눈물이 맺혔다. 너무 갑작스러운 눈물이었다. 아들이 그런 말을 할 줄은 정말 꿈에도 몰랐다.

나는 소위 말하는 좋은 아빠가 아니다. 돈 버느라 얼굴 보기도 어려운 아빠이다. 다른 아빠들처럼 친구처럼 놀아주는 아빠도 아니다. 환경공무관으로 근무하면서부터는 더 바빠져

〈유퀴즈〉 촬영장에서 큰아들 현우는 내 인생 최고의 선물을 전해 주었다. 내 왼쪽으로 현우, 유재석 씨, 오른쪽으로 조세호 씨.

서 새벽에 나가고, 퇴근 후에는 퀵서비스 배달에 운동까지 하다 보니 피곤하고 힘들어 잠자기 바쁜 아빠이다. 아이들이 게으름을 피우거나 SNS를 보며 시간을 허투루 보내면 한심해 보여 혼도 많이 냈다. 아이들과 뒹굴며 놀아주는 일도 없었고, 외식도 거의 하지 못했다. 그런 아빠로 산다는 게 미안했고, 아쉽기도 했다. 하지만 열심히 돈을 벌어 아이들이 하고 싶은 걸 할 수 있게 지원해 줄 수 있다면 그걸로 아빠의 역할을 하는 것이라 마음을 다잡았다. 내가 너무 어려운 환경에서 자라 돈 때문에 힘든 일을 많이 겪었기에 아이들이 독립할 나이가 될 때까지는 돈 걱정 없이 자라게 하고 싶었다. 나는 그것이 아빠의 역할이라고 스스로를 위로했지만 마음 한구석에 자리한 아이들에 대한 미안함을 떨치지는 못했었다.

그런데 그날 아들에게서 뜻밖의 이야기를 들은 것이다. 나는 아이들이 나를 무서워하고 좋아하지 않는다고 생각했다. 그런데 아니었다. 아이들은 나를 아빠로서 너무나 존경하고 있었다. 가슴이 벅차서 말을 이을 수가 없었다. 그동안의 고생과 삶의 피로가 눈 녹듯 사라지는 기분이었다. 한동안 말을 잇지 못하던 유재석 씨도 눈물을 흘리며 내 마음에 공감했다.

"이 세상 어떤 말보다도 아빠가 가장 뿌듯하고 행복한 얘기를 아드님이 해준 것 같아요."

정말 그랬다. 이 정도면 잘 살았다는 생각이 들었다. 고생도 많이 하고 정말 악착같이 살아왔지만 아들에게 그 말을 들은 것만으로 모든 것을 보상받은 기분이었다. 세상 누구보다도 행복했다. 방송에서도 말했지만 내가 해야 할 일과 내가 하고 싶은 일을 모두 할 수 있다는 게 얼마나 행복한 일인가. 대단한 부자는 아니지만 사랑하는 가족이 있고, 그 가족에게 해줄 수 있는 일이 있고, 내가 사랑하는 축구에 내 능력으로 조금이나마 기여할 수 있다는 것만으로도 나는 충분히 행복한 사람이다.

방송이 나간 뒤 정말 많은 사람들에게 메시지를 받았다.

"심판님 우실 때 같이 울었어요. 우리 아버지 생각이 많이 났습니다."

"아들이 아버지를 존경하는 모습에 제 가슴도 먹먹해집니다. 고생하신 만큼 분명 더 큰 행복을 누리실 겁니다."

"그냥 김민재 닮은꼴로 유쾌하게 사시는 분인 줄 알았는데, 정말 치열하게 전쟁처럼 살아오신 분이네요."

"40대 가장입니다. 고달프게 일하는 같은 처지의 가장으로 저도 울컥했습니다. 저에게도 큰 힘이 됐습니다."

"사는 게 너무 힘들어 나쁜 생각을 하기도 했는데, 심판님 방송 보고 다시 열심히 살아보려 합니다."

내가 살아온 세월이 누군가에게 이렇게 큰 울림을 줄 수 있다는 사실이 감격스러웠다. 나는 그저 나에게 주어진 삶을 살았을 뿐인데 누군가에게 힘을 주고 위안을 줄 수 있다는 사실이 놀라웠다.

방송으로 나는 정말 많은 것을 얻었다. 아이들이 나를 얼마나 존경하고 사랑하는지 알게 되었고, 세상에 얼마나 많은 가장들이 가족을 위해 힘들지만 성실하게 살아가고 있는지 알게 되었으며, 우리가 서로에게 힘이 될 수 있다는 걸 알았다. 그때부터 나는 또 다른 목표를 세우게 되었다. 누군가에게 영감이 되는 삶, 용기가 되는 사람이 되어보기로.

긍정의 힘

〈유퀴즈〉가 방송된 후 응원과 격려의 메시지를 과분할 정도로 많이 받았다. 치열하게 일만 하는 나를 안타까워하는 아주머니도 계셨다. 축구를 좋아해서 나를 알고 있었는데 내가 이런 사연을 가지고 있는지 몰랐다는 대학생도 있었고, 많은 분들이 열정 가득한 내 모습이 좋았다며 따뜻한 메시지를 보내주셨다. 나는 이런 응원의 메시지를 받을 때마다 마음이 뭉클해지면서 동시에 책임감을 느낀다.

'내가 이런 응원을 받을 만한 사람인가? 나같이 평범한 사람이?'

다만 한 가지라도 내가 살아온 인생이 누군가에게 희망이 된다면 그것은 긍정의 힘으로 포기하지 않았다는 사실일 거다.

사는 동안 누구나 여러 가지 상황을 마주한다. 좋은 일도 있을 것이고, 어려운 일도 있을 것이다. 그런데 부정적인 사람은 아무리 좋은 일을 만나도 감사할 줄 모르고, 자신의 상황이나 환경 중에서 꼭 안 좋은 것만 끄집어내려 애쓴다. 그러니 나한테 찾아온 좋은 것들, 행복한 것을 알아차리지 못하고 자신을 더 힘든 상황으로 내몰고 만다. 반면 긍정적인 사람은 어려운 일이 닥쳐도 쉽게 포기하지 않고, 어려움에서조차 새로운 의미를 찾아낸다. '이번 일은 나에게 시험인 거야. 이걸 잘 넘기면 하나 더 배울 수 있는 거잖아.'

누가 인생에서 더 많은 걸 얻을 수 있을까? 확언하는데 긍정적인 사람은 무엇이든 해낼 수 있고, 무엇이든 이룰 수 있다. 이건 내가 지금까지 무수한 일들을 겪어내면서 직접 터득한 인생의 지혜이다. 그러니 어려움에 마주했을 때 스스로에게 이렇게 말해 주자.

"그래, 나는 잘할 수 있어!"
"그래, 기회가 주어진 것이 참 감사해!"
"그래, 새로운 도전이 되겠구나. 일단 해보면 되지!"

이런 긍정의 힘은 당신의 인생을 바꿔주는 건 물론 주변 사람들까지 변화시킬 것이다. 한 초등학교 선생님이 아이들에게 〈유퀴즈〉 영상을 보여준 후 아이들이 손으로 직접 쓴 후기를 사진으로 보내주셨다. 내 삶에서 배울 점을 찾아주는 것에서 이루 말할 수 없는 감동이 전해졌다. 나는 이 모든 게 긍정의 힘이라고 생각한다.

초등학생이 〈유퀴즈〉 영상을 보고 적은 후기

2장 절실함의 힘

나는 나를
포기하지 않았다

신도림역
2번 출구

　고3 때 부모님이 이혼하면서 나는 그야말로 혼자가 되었다. 엄마, 아빠는 서로 각자의 인생을 찾아가셨고, 형도 아르바이트를 하는 등 형의 길을 찾아갔다. 오갈 데 없는 나는 할머니집에 얹혀살았다. 연로하신 할머니가 차려주는 밥을 먹는다는 건 보지 않으려고 해도 눈치가 보이는 일이었다. 축구 특기생으로 대학에 입학하는 게 좌절되면서 나는 노량진 학원가에 가서 겨우 두 달 동안 수능시험 준비를 해서 대학에 입학했다. 다행히 축구부가 있는 대학의 체육학과에 합격했지만 등록금이 없었다. 모든 상황이 나에게 그만 포기하라고 말하는 것만 같았다. 성인이라고 하기에는 이르고, 어리다고 하기에는 늦은 나는 할 수 있는 게 없었다. 다행히 큰아버지가 등록금을 지원해 주었고, 형이 당구장 아르바이트로 모은 돈을 내밀어 주었다. 1학년 1학기는 해결되었다.

대학 수업은 알아듣기 힘들었지만 어렵게 낸 등록금이 아까워서 나는 학교를 열심히 다녔다. 뭐라도 들으면 도움이 될 거라 생각했다. 그리고 축구부를 기웃거리면서.

어느덧 꽃샘추위가 지나고 벚꽃이 활짝 피어난 따뜻한 계절이 되었다. 이제 체육학과 동기들도 얼굴을 보면 누구인지 알 만큼 눈에 익었고, 학교생활에 적응해 갔다. 하지만 한편으로는 불안하기 짝이 없었다. 대학 축구부에 들어갔지만 수비수로서 내 역할을 찾기는커녕 밀려나는 느낌이 들었고 먼지만 나풀거리는 내 주머니 사정이 나를 슬프게 했다.

'아, 공허하다. 내가 가진 게 아무것도 없다. 몸도 마음도 배가 고프다.'

갈 길을 잃은 배고픈 젊음이었다. 인생이 거지 같았다. 이대로 세상을 살아가는 게 맞는 건가 상심한 채 나는 지푸라기라도 잡는 심정으로 큰아버지께 전화를 걸었다.

"큰아버지, 사는 게 너무 힘들어요. 너무 힘들어서 대학을 그만둬야 할 거 같아요. 학비도 없고, 먹고살기도 너무 힘들어요."

한참을 말없이 듣고 계시던 큰아버지가 무겁게 입을 여셨다.

"동식아, 큰아버지 사무실에 한번 들러라."

당시 큰아버지는 신도림역 근처에 있는 구로노인종합복지관에서 일하셨다.

그곳에서 큰아버지가 무슨 일을 하는지 잘 몰랐지만, 큰아버지가 알려주는 장소로 무작정 갔다. 그곳이 바로 신도림역 2번 출구이다. 날짜도 선명히 기억한다. 1999년 4월 5일 식목일. 휴일이었지만 큰아버지는 나를 만나기 위해 사무실에 나와 계셨다. 나는 쭈뼛거리며 큰아버지 앞에 앉았다. 잔뜩 주눅든 나는 왠지 몸까지 작아진 기분이었다. 큰아버지가 나를 뚫어지게 바라보시더니 말씀하셨다.

"동식이 너, 여기 와서 일해 보는 건 어떠냐?"

큰아버지가 대뜸 이렇게 말씀하셨다. 나는 이게 무슨 소린가 싶었다.

"복지관 시설 중에 희망의집이라고 노숙인쉼터로 운영되는 곳이 있는데 IMF 때 실직한 노숙인을 대상으로 숙식을 제공하는 곳이야. 넌 주간에는 학교에 가니까 야간에 복지관에 와서 매일 상담 업무를 하고 점호 취하고 인원 점검하는 일을 하면 돼. 입소자들이랑 상담한 내용은 일지에 기록하면 되고. 숙식 가능한 방도 있으니 너한테는 알맞은 일자리 같은데 어떠냐? 너한테 냉정하게 이야기하면 너 역시 노숙인이나 마찬가지야. 특별히 갈 데도 없지 않니?"

당시 뉴스는 IMF로 부도난 기업과 그로 인해 직장을 잃은 사람들 이야기로 넘쳐났다. 빚 독촉에 가족과 생이별하면서 도망 다니는 사람도 많았고 길거리에 노숙인들로 넘쳐나 사회적 문제가 되던 때였다.

해보지 않은 일이어서 망설여졌지만 이것저것 따져볼 사정이 아닌 내게는 기회였다. 큰아버지는 이렇게 말씀하셨다.

"넌 운동선수 출신이니까 단체 생활도 많이 해봤으니 입소자들 관리가 아무래도 쉽지 않을까 싶어서 큰아버지가 구청에 추천한 거야. 가끔 여기서 싸움도 나고 험한 일이 생기기도 하거든. 하지만 월급은 많이 못 준다. 넌 아직 미성년자라서 구청에서 제시한 금액은 한 달에 50만 원이야. 할 수 있겠어?"

큰아버지는 적은 월급이라고 하셨지만 그때 내겐 정말 감사한 기회였다. 꽉 막힌 것 같은 현실에서 길이 하나 열린 것 같은 기분이 들었다. 나는 주저하지 않고 답했다.

"네, 큰아버지! 제가 해볼게요!"

"그래, 크게 어려운 일은 없어. 쉼터 입소자들이 낮에는 일하러 나가고 없으니까 밤에만 입소자들 관리를 하면 돼."

사실 어떤 일이든 상관없었다. 50만 원씩 받아 다섯 달만 모으면 등록금도 낼 수 있을 테고, 무엇보다 잠을 잘 수 있는 곳이 있다니 그것만으로도 충분했다. 큰아버지가 특별히 날 배려해서 추천해 준 자리라는 게 너무 분명했다. 이루 말할 수 없이 깊은 감사의 마음이 들었다.

"큰아버지, 어려울 때마다 도와주셔서 정말 감사해요."

"그래, 그런 마음으로 살면 돼. 감사하는 마음으로 열심히 살면 된다."

나는 벌떡 일어나 큰아버지께 깊이 고개를 숙여 인사를 드렸다. '사람이 죽으란 법은 없다.'라는 말은 정말 맞는 말이다. 어떻게든 살아갈 길은 생기는 법이다. 살겠다는 마음만 먹으면 말이다. 눈앞에 닥친 현실이 아무리 암담해도 일단 포기하지 않고 길을 찾다 보면 정말 생각지도 못한 곳에서 이렇게 길이 열린다는 것을 나는 이때 또 한 번 느꼈다.

그 다음날, 나는 바로 복지관으로 거처를 옮겼다. 짐이랄 것도 없었다. 텔레비전도 없고 이불 한 채가 전부였던 3평 남짓한 아주 좁은 방이었지만 혼자 방을 쓸 수 있다는 것만으로도 감사했다. 그렇게 나는 좁고 낯선 곳에서 축구 없는 새로운 세상으로 첫발을 내디뎠다.

눈물 젖은
다이제스티브

복지관 노숙인쉼터에서 시작된 나의 하루는 언제나 규칙적이었다. 희망의집은 신도림역 근처에 있었고 내가 다닌 선문대학교는 천안에 있었다. 신도림역에서 천안역까지 가려면 아침 6시에는 일어나야 했다. 일어나서 복지관 입소 아저씨들과 아침밥을 먹고 7시에 영등포역에서 기차를 타고 천안역으로 가서 그곳에서 다시 버스를 타고 학교에 가야 했다. 오전 수업을 듣고 점심시간이 되면 제일 싼 1,300원짜리 학생식당 밥을 먹고, 오후 수업을 들은 후에는 전문실기 수업을 2시간 동안 들었다. 그러고 나면 오후 7시. 그럼 다시 천안역으로 나와 500원짜리 과자로 저녁을 때우고 기차를 타고 노숙인쉼터에 도착하면 9시였다. 그때 허기를 달래며 매일 먹던 과자가 다이제스티브이다.

그 시절 나는 정말 돈이 없어서 과자로 끼니를 때웠다. 다이제스티브도 두 가지가 있는데 하나는 300원짜리 그냥 다이제스티브이고, 하나는 500원짜리 초콜릿이 얇게 발라진 다이제스티브였다. 초콜릿 다이제스티브가 조금 더 비쌌지만 나는 200원을 더 주고 초콜릿이 발라진 과자를 사 먹었다. 조금이라도 덜 허기질 것 같아서 그걸 선택했다. 맛있는 것이 아니라 배고픔을 덜 수 있는 것, 그것이 나의 선택 기준이었다.

대학교 1학년 때면 선배들한테 밥 사달라고 조르고 다닐 법도 한데 나는 자존심이 세서 그런지 그런 말을 하지 못했다. 그래서 학생식당에서 몇 컵씩 연거푸 물을 마셨다. 물로 배를 채우고 수업을 들었다. 항상 허기가 졌다. 희망의집에서 50만 원을 벌어 그중에서 교통비로 15만 원을 쓰고 나면 먹고 싶은 걸 다 사 먹을 수 없었다. 돈을 모아야 하니까, 학비를 벌어야 하니까.

그렇게 눈물 젖은 다이제스티브로 저녁을 때우고 복지관에 도착하면 이제부터 다시 복지관 업무를 봐야 했다. 매일 아저씨들과 상담을 하고 그 내용을 일지로 남겨야 했다.

"아저씨, 오늘은 어떠셨어요?"

"그냥 그렇죠, 뭐. 매일이 그래요. 죽지 못해 사는 거죠. 이렇게 살아서 뭐하나 싶기도 하고."

이렇게 우울감을 내비치며 신세한탄을 하는 중년 아저씨가 있는가 하면, 같이 방 쓰는 사람을 욕하는 불평 많은 어르신도 있었다.

"저 샤워 안 하는 최 씨놈 때문에 진짜 못 살겠어요. 얼마나 냄새가 나는지 방 전체에 구린내가 진동한다고! 어떻게 시정 좀 해줘요."

자신의 인생사를 줄줄 풀어놓는 분도 있었다.

"내가 IMF 터지기 전에는 번듯한 공장 사장이었거든. 부품 공장이었는데, 제법 잘나갔어요. 직원도 20명이 넘고, 애들도 좋은 옷 입혀서 자동차 태워 학교 보냈는데…. 이놈의 IMF 때문에 내 인생이 이렇게 꼬였지. 다들 어디 가서 뭘 하고 사는지 이젠 연락도 안 돼요."

그때 내 나이 스무 살. 입소자들의 나이는 적어도 30대 후반, 많으면 60대였다. 내가 상담을 들어줄 만한 입장이 아니었다. 그분들은 모두 IMF 때 부도를 맞거나 실직하고 거리에 나앉은 사람들이었다. 그야말로 파란만장한 인생을 사신 분들이었다. 그런 분들을 상대로 20대 어린아이가 무슨 상담을 제대로 해드릴 수 있었겠는가. 그냥 고개를 끄덕이고, 열심히 듣고, 가끔 공감해 주는 일 말고는 할 수 있는 게 없었다.

하지만 그분들은 그렇게 생각하지 않는 것 같았다. 너무 외롭고 힘이 드니 누구든 붙잡고 하소연하고 싶었을 것이다. 그분들은 가족 이야기, 그들에 대한 그리움, 자신의 처지에 대한 한탄, 다른 사람에 대한 비난 등 가슴 속에 담긴 이야기를 조금씩 털어놓았다.

누구에게나 인생의 울분이란 게 있다. 갖고 있으면 가슴이 터져 나갈 것 같은 답답함과 억울함. 사실 그 당시까지만 해도 나 역시 마찬가지였다. 그때의 나는 정말 너무나 부정적인 인간이었다. 부모 잘 만나 걱정 없이 용돈 타가며 대학교 다니는 동기들도 꼴 보기 싫었고, 가족들이 도란도란 외식하는 장면만 봐도 욕지기가 올라왔다. 웃으며 지나가는 행인들에게 괜히 화가 치밀어 오르기도 했다. 그래서였을까. 나는 그분들의 마음을 조금이나마 이해할 수 있었다. 덕분에 얘기를 들으며 나도 모르게 고개를 격하게 끄덕이거나 동조하는 감탄사를 내뱉기도 했고, 아무리 긴 이야기라도 끝까지 들어드리려고 했다.

그저 내가 할 수 있는 일을 했을 뿐인데도 그분들은 나와 이야기하는 걸 좋아했다. 그 모습을 보면서 나는 내 안의 화도 조금은 누그러뜨릴 수 있었고, 또 누군가의 이야기를 들어주는 것만으로도 상대방에게 큰 힘이 된다는 걸 배웠다. 그 시절의 경험 덕분에 나는 지금도 친구나 후배들의 이야기를 잘 들어주려고 노력한다. 고민이 있거나 힘든 시간을 보내고 있는 그들의 감정과 상황을 이해하려고 노력한다. 나도 너무나 전쟁 같은 시간을, 긴 터널 같은 시간을 건너왔기 때문에 조금이나마 더 잘 이해할 수 있다.

그리고 그런 시간을 건널 때, 부정적인 마음이 자신을 옭아매고, 우울한 마음에 빠져 있을 때는 섣부른 조언이나 응원보다 그저 들어주는 게 가장 큰 위로가 된다는 것도 이제는 안다. 힘내라, 응원한다, 다 그렇게 힘들다, 엄살 부리지 마라, 정신 차려라…. 상대를 위로하고 격려하려고 하는 말이지만 상대방에게는 오히려 상처가 될 수도 있다. 무슨 말을 해줘야 할지 모르겠으면 그냥 들어주면 된다. 그러고 나서 손을 힘껏 잡아주면 그것만으로도 아주 큰 위안이 된다. 그래서 나는 지금도 사람들에게 말한다. 힘들어 보이는 사람 앞에서는 입을 다물고 귀를 열라고. 그게 최고의 응원이라고 말이다.

스스로 한계에
가두지 마라

그 시절의 내 인생은 치열했지만 한편으로는 무미건조했다. 매일 똑같이 반복되는 일상, 내 하루는 입소자들과 상담을 마치면 일지를 적고, 리포트를 쓰거나 공부를 하는 것으로 반복되었다. 공붓벌레여서 그랬던 건 아니고 방 안에 텔레비전이 없기도 했거니와 딱히 할 일이 없어서이기도 했다. 사실 돈이 없으니 밖에 나가 놀 수도 없고, 술 한잔 할 친구도 사귀지 못했다. 그러니 매일 리포트 쓰고, 책 들춰보고, 자기계발서 읽는 게 하는 일의 대부분이었다.

그런데 노숙인쉼터에서 내가 잊지 않고 꼭 하는 일이 있었다. 바로 방문을 잠그는 일이었다. 노숙인쉼터는 노숙인 재활을 목표로 한 곳이지만 시설이 열악했다. 한방에 6~7명이 같이 생활해야 했다. 이런저런 사연을 가진, 성격이나 살아온 배경도 저마다 다른 남자들이 모여서 생활하다 보면 크고 작은 일들이 벌어진다. 특히 여름에는 더욱 자주 일이 생겼다. 나는 혼자 쓰는 방임에도 여름만 되면 정말 견디기 힘들 정도로 덥고 짜증이 났다. 통풍도 잘 안되고 에어컨도 없으니 그럴 만도 했다. 그러니 합숙 생활하는 입소자들이야 말할 것도 없었다. 그래서 크고 작은 일들이 자주 터졌는데 어린 나는 그럴 때마다 너무 무서워서 방문을 항상 걸어 잠갔다. 이 부서의 책임자로 입소자들에게 '선생님'이라고 불리고 있었지만, 실상은 스무 살을 갓 넘긴 어린아이일 뿐이었다. 그러던 어느 날, 일이 터지고 말았다.

"선생님, 선생님! 정 선생님!"

꼭두새벽에 누군가 내 방문을 거세게 두드렸다. 나는 문제가 생겼다는 걸 직감했다.

"무슨 일이세요?"

나는 벌떡 일어나 방문을 벌컥 열었다.

"저쪽, 저쪽에… 문제가 생겼어. 빨리 구급차를 불러야겠는데."

나는 너무 놀라 맨발로 옆방으로 뛰어갔다. 그곳에는 한 아저씨가 방바닥에 드러누워 목을 꼭 감싸 쥐고 있었다. 방바닥은 피로 흥건했다. 나는 기겁을 했다.

"이게 무슨 일이에요!"

내가 소리를 지르자 아저씨들은 일제히 방구석에서 숨을 몰아쉬고 있는 한 아저씨를 쳐다봤다. 아저씨의 손에는 피 묻은 젓가락이 들려 있었다. 안 봐도 상황을 알 것 같았다. 두 아저씨 간에 싸움이 있었고, 화를 못 이긴 아저씨가 상대방 아저씨의 목을 젓가락으로 찌른 것이다.

"정 선생님, 빨리 구급차 불러. 저러다 큰일 나겠어."

"거기 119죠. 여기 희망의집입니다…."

나는 애써 침착하게 경찰서와 119에 전화를 걸어 사고 뒤처리를 했다.

'우선은 사고를 수습하는 게 먼저다. 이건 내 책임이다. 아무리 무서워도 의연하게 책임을 지자.'

마음속으로 그렇게 계속 되뇌었다. 너무 무서웠지만 그런 티를 내지 못했다. 그래도 엄연한 책임자인데 횡설수설하고 당황하면 안 될 것 같았다. 나이는 어려도 책임자는 책임자이고, 나이 뒤에 숨는 건 아무래도 무책임해 보이기도 했기 때문이었다.

2장 절실함의 힘

사실 나는 어렸을 때부터 부모님과 떨어져 생활하면서 단체 생활을 한 덕분인지 또래 아이들보다 책임감과 독립심이 강했다. 뭐든 주어진 일에는 정말 최선을 다했다. 운동을 할 때도 코치님이나 감독님이 하라는 대로 했다. 축구는 팀의 조화와 협력이 중요한 운동이고, 축구선수는 단체 활동을 하기 때문에 나한테 주어진 일을 제대로 하지 않으면 다른 선수들한테 피해가 간다. 팀이 죽는다. 아무리 경기력이 뛰어나고 실력이 월등한 선수라 해도 다른 선수들과의 호흡을 무시하고 개인 플레이를 하는 순간, 자신도 죽고 팀도 죽는다. 내 포지션을 잘 알고, 그 위치에서 최선을 다해야 모두가 산다. 그걸 운동을 하면서 배웠고, 그 습관이 사회에 나와서도 그대로 적용됐다.

그 사건이 벌어진 뒤, 나는 좀 더 엄격하게 시설을 관리했다. 아저씨들과의 상담에도 좀 더 진지해졌고, 원칙을 정해놓고 그 원칙은 무슨 일이 있어도 지켰다. 원칙이 무너지면 질서가 다 무너지는 게 단체 생활이니 말이다. 어떨 때는 조금 정 없어 보이고 지나치게 원리 원칙을 지킨다고 할 만큼 분명하고 단호하게 일을 처리했다. 그때 내 나이가 스무 살, 스물한 살에 불과했지만 나이는 중요하지 않았다.

'나이가 어리니까 사람들이 봐주겠지, 첫 직장이니까 사람들이 이해해 줄 거야, 이런 일을 한번도 안 해봤으니까 실수해도 넘어가 줄 거야.' 이런 생각은 애초에 하지 않았다. 사실 그런 마음가짐으로는 자기가 맡은 일을 잘 해낼 수가 없다. 하고 보니 결과가 좋지 않아 선배나 상사가 그렇게 생각할 수는 있어도, 일하는 당사자인 내가 일을 하기 전부터 이런 생각을 가지고 있으면 안 된다. 잘될 일도 안 된다. 내 한계를 정해 놓는 건 더 이상 발전할 의지가 없다는 뜻이니까.

돌이켜보면 어린 나이에 혼자 해결하기 어려운 상황을 이겨낼 수 있었던 건 그런 한계에 나를 가두지 않았기 때문인 것 같다. '내가 이제 스무 살인데, 이런 일을 어떻게 해!'라고 생각했다면 나는 노숙인쉼터에 적응하지 못했을 것이다. 물론 더 이상 물러설 곳이 없었던 것도 이유였지만, 무엇보다 아저씨들이 날 부르는 직함, 즉 '선생님'이라는 호칭에 맞는 역할을 하려고 최선을 다했기에 노숙인쉼터에 적응할 수 있었다.

그런 원칙을 세우고 나니 노숙인쉼터에서의 생활은 그 전보다 조금은 수월해졌다. 어려움이 없었던 것은 아니었지만 내 자리에서 최선을 다하겠다는 마음, 책임감을 다시금 새긴 덕분에 아저씨들과 상담하는 내 마음가짐까지 달라졌던 것이다. 아저씨들과 상담을 하면서 그분들의 처지를 더 잘 알려고 노력하고, 그 마음까지 이해하려고 노력한 것도 이유일 것이다. 그리고 그 시절 나는 한 가지를 더 배웠다. 스무 살의 어린 내가 그분들을 보면서 인생에 대해서 깊이 깨우친 건 아니지만, 누구에게나 인생은 쉽지 않다는 것을 알게 된 것이다. 그러니 '내 인생만 쉽지 않다.'라고 느낄 필요도 없고, 그 마음에 나를 구속시킬 필요도 없다는 것을 말이다.

산다는 건
도대체 무엇일까?

쉼터는 정말 다양한 사람들이 모여 사는 곳이다 보니 서로 부딪히고 불편한 상황이 계속해서 발생했다. 이전의 사건도 그랬고, 입소자들 사이에서 이런저런 다툼이 벌어지곤 했다. 이야기한 것처럼 내가 그런 일을 중재하기 위해선 반드시 지켜야 하는 규칙을 세우고, 그걸 지키도록 관리하는 게 중요하다고 판단했다.

물론 노숙인쉼터에는 이미 몇 가지 규칙이 있었다. 그중 하나가 쉼터 내에서 절대 술을 마시면 안 된다는 것이었다. 음주가 발각되면 퇴소 조치를 해야 했다. 조금 매정하다 싶었지만,

이 규칙이 무너지면 쉼터가 난장판이 될 수도 있기 때문에 반드시 지켜져야 하는 가장 중요한 규칙이기도 했다. 입소자들 대부분은 이 규칙을 잘 지키셨다. 하지만 어디에나 무법자는 있는 법이지 않은가. 쉼터에도 막무가내로 술을 마시는 할아버지 한 분이 계셨다. 70대 후반으로 몸은 망가지고, 정신도 흐릿한 분이었다. 한두 번 스칠 때마다 술 냄새가 풍겨서 몇 차례나 경고를 했지만, 내가 직접 술을 마시는 걸 보지는 못했기 때문에 퇴소 조치까지 하기엔 애매했다. 하지만 같은 방을 쓰는 아저씨들이 나에게 계속해서 항의를 했다.

"정 선생님, 저 사람 술 먹는 거 알고 있죠? 근데 왜 퇴소 안 시켜요?"

"아, 그게…. 제가 본 게 아니어서…."

"맨날 술 냄새 풀풀 풍기는 알코올중독잔데 뭘 망설여요. 퇴소시켜야지."

"맞아요. 같은 방 쓰는데 괴로워 죽겠어요. 술만 마시는 게 아니라 술주정도 하고, 시비도 걸고 다닌다니까. 한 사람 때문에 몇 사람이 피해를 보고 있는데 조치를 취해 줘야죠."

항의하는 아저씨들께 다음에는 반드시 경고 조치, 그래도 규칙을 어기면 퇴소시키겠다고 약속했다. 얼마 뒤, 할아버지는 또 술을 마시고 쉼터를 돌아다녔다.

"할아버지, 저 좀 보세요."

할아버지가 눈치를 보면서 어슬렁어슬렁 내 앞에 섰다.

"자꾸 술 마시면 퇴소시킬 수밖에 없어요. 여기 단체 생활하는 곳이잖아. 제 말 아시겠죠?"

할아버지는 아무런 표정 없이 고개를 끄덕였다. 하지만 그 뒤로도 할아버지는 계속 술을 마셨다. 결국 나는 할아버지를 퇴소시킬 수밖에 없었다. 추운 겨울이라 걱정은 됐지만 이제는 어쩔 수 없었다. 다른 사람의 항의를 더 이상 묵살할 수도 없었고, 원칙은 원칙이니까.

"할아버지, 죄송하지만 오늘부로 나가주세요. 제가 몇 번이나 경고했죠. 더 이상은 봐드릴 수가 없어요."

나는 자못 근엄하고 냉정한 표정으로 할아버지를 퇴소시켰다. 대기자도 많았고, 입소자들 사이에서 항의가 빗발치는데 관리자로서 그런 항의를 계속 무시할 수도 없는 일이었다. 다음 날, 할아버지는 짐을 싸서 노숙인쉼터를 나갔다. 그렇게 쉼터에는 다시 평화가 찾아왔다.

하지만 할아버지는 한동안 계속 쉼터 주위를 맴돌았다. 내가 학교 갔다가 돌아올 때쯤이면 항상 쉼터 뒤편 전봇대 뒤에서서 쉼터 안을 기웃거리고 있었다. 나는 할아버지를 볼 때마다 손을 휘휘 내저었다.

"할아버지, 가세요. 여기 할아버지 자리 없어요!"

내 말에 할아버지는 고개를 푹 숙인 채 발길을 돌렸다. 그 뒤로도 할아버지는 서너 번 쉼터를 찾아왔다. 발길을 돌리는 할아버지를 볼 때마다 마음이 너무 안 좋았지만, 개인적인 감정으로 쉼터를 운영할 수는 없으니 나는 할아버지를 쫓아내는 것이 정당한 일이라고 생각했다.

그렇게 얼마의 시간이 흐른 어느 날, 파출소에서 전화가 걸려왔다.

"안녕하십니까, 부산 ○○○ 파출소입니다."

전화기 너머로 들려온 파출소라는 말에 일단 긴장이 되었다. '파출소? 파출소에서 왜?'

"○○○ 씨, 아십니까?"

쉼터에서 쫓겨난 그 할아버지 이름이었다. 순간 이상한 기분이 확 들었다. 뭔가 안 좋은 일이 생긴 게 분명했다.

"이분 어제 부산역에서 동사로 사망하셨습니다."

"네?"

'동사라니, 요즘 같은 세상에 동사라니…'

나는 너무 놀라서 하마터면 전화기를 떨어뜨릴 뻔했다.

"알아보니 부산이 고향이시더라고요. 무임승차로 이곳에 오신 것 같은데, 밤새 동사하셨어요. 알코올중독이셨죠?"

나는 아무런 말도 할 수가 없었다.

"짐 가방 살펴보다가 전화번호가 있길래 연락드렸습니다. 무연고 처리하겠습니다."

전화를 끊고 나니 모든 게 내 잘못인 것만 같은 극심한 죄책감이 몰려왔다. '내가 할아버지를 죽인 건가? 쉼터에 찾아왔을 때 들여보냈어야 했나?' 그때 전봇대 뒤에 서 있던 할아버지의 눈빛이 선명하게 떠올랐다. 머리를 망치로 세게 맞은 것처럼 정신을 차리지 못했다. 내가 할아버지 죽음에 책임이 있는 것 같아 너무 괴로웠다.

'내가 너무 원리 원칙대로 행동했어. 퇴소를 시켜도 내년 봄에 날 풀리면 퇴소시켰어야 했는데. 너무 규칙에만 얽매였어. 왜 좀 더 융통성 있게 행동하지 못했을까….'

나는 몇 날 며칠을 괴로워하며 지냈다. 내 행동에 대해 처음으로 후회라는 것도 했다. 하지만 이젠 돌이킬 수 없는 일이었다.

그때의 충격적인 경험은 내게 많은 것을 가르쳐줬다. 사회생활을 하는 데 원칙이 반드시 필요하지만 거기에 매몰되면 안 된다는 것, 때론 융통성도 필요하고, 상황을 현명하게 해결할 수 있는 지혜도 반드시 필요하다는 것을 말이다.

그리고 그런 지혜를 갖추려면 내가 좀 더 많은 경험을 가져야 하고, 다르게 생각해 볼 수 있는 시각도 갖춰야 한다는 생각에 이르렀다. 무엇보다 진짜 삶을 제대로 살기 위한 원칙이란 결국 절대적인 것이 아니라 삶을 긍정하는 태도를 밑바탕에 깔고 있어야 한다는 것을 느꼈다.

만약 내가 조금만 더 지혜로웠다면 정해진 규칙만 강요하는 게 아니라 할아버지의 상태를 인정하고, 다른 도움을 드릴 수도 있었을 것이고, 혹은 할아버지와 다른 입소자 간에 타협점을 찾아볼 수도 있었을 것이다. 아니면 여건상 바로 퇴소는 어려우니 기간을 정해 놓고 할아버지한테 시간 여유를 줄 수도 있었을 것이다. 그렇게 했다면 내 결정을 돌아보며 후회하고 죄책감을 느끼는 일은 없었을 것이다.

삶을 긍정한다는 것은 무엇일까? 그땐 사실 나도 마음의 여유가 너무 없었다. 그러니 원칙이라도 붙들고 있어야 버틸 수 있을 것 같았던 게 사실이다. 그런데 살면서 제대로 된 원칙을 세운다는 건 삶을 긍정하는 태도에서 비롯된다는 사실을 계속해서 경험했다. 그리고 그렇게 자신의 삶을 긍정으로 채우는 사람은 타인의 삶도 긍정하는 자세를 갖는다는 것을 깨달았다. 내 원칙만 옳다고 우기면서 주변의 상황이나 사람들의 사연 같은 것은 안중에도 없는 그런 팍팍하고 경직된 인생을 살지 않는다.

돌아보면 노숙인쉼터에서 내게 필요했던 건 바로 내 인생을, 그리고 절망의 순간일지 모르는 그 시절을 노숙인쉼터에 맡긴 그분들의 인생을 있는 그대로 바라보는 것이었는지도 모른다.

알다시피 노숙인쉼터는 세상으로부터 버림받은 사람들이 오는 곳이다. 부도 난 사람, 여러 이유로 빚쟁이한테 쫓기는 사람, 가족에게 버려진 사람, 사람한테 배신당한 사람, 희망이 없는 사람…. 그런 분들과 함께 지내면서 사실 감정적으로 지치는 날도 많았다. 하지만 그런 와중에도 정도 느꼈고, 따뜻함을 느끼기도 했다. 아저씨들과 상담을 하다 보면 '이분들도 한때는 다른 사람과 똑같이 살았구나.' 하는 생각에 안타까운 마음이 들 때도 있었다. 워낙 사연 많은 사람들이라 쉼터에는 사람들이 자주 들고 났다. 빚쟁이들한테 쉼터에서 사는 것을 들켜 떠나는 사람, 단체 생활이 힘들어 어느샌가 사라져버린 사람…. 그 사람들의 빈자리는 또 다른 사연을 안은 사람들이 메꾸었다.

나이는 어렸지만 나는 그런 사람들을 보면서 '인생이란 무엇일까?'라는 생각을 했다. 그리고 누구나 인생에서 시련을 겪을 수 있다는 것도 알았다. '나한테는 절대 그런 일이 일어나지 않는다, 나는 불행한 일을 겪지 않을 것이다.'라고 장담할 수 없다는 걸 말이다. 사실 어린 나도 그런 일들을 이미 수차례 마주한 뒤였으니까. 그런데 인생이 언제든 완전히 다른 국면에 접어들 수 있다는 건 결국 지금의 삶이 어렵다고 해서 나중에도 어렵다고 단정할 수 없다는 뜻이기도 했다.

'그러니 나는 현실에서 내 삶을 더 잘 살아내야 한다. 누군가 더 살고 싶었을 오늘을 허투루 보내지 않고, 좀 더 치열하게 오늘을 살아야겠다.'

그런 생각을 하게 되었다. 그렇게 다양한 인생의 모습을 보면서 결국 내가 배운 건 삶을 긍정하는 태도이다. 그리고 그런 긍정적인 태도 위에 지어진 인생을 제대로 지켜낼 원칙이 필요하다는 사실이었다. 지금도 내가 인생을 낭비하지 않으려 애쓰는 까닭은 아마 그 시절의 경험이 밑바탕에 있기 때문일 것이다.

삶에 지고 싶지 않아서
나는 웃는다

부모님의 이혼, 축구 특기생으로의 대학 입학 실패, 축구선수 포기, 500원이 아까울 만큼의 가난, 노숙인쉼터에서의 생활···. 20대까지의 나의 인생을 요약하라고 하면 이렇게 정리할 수 있다. 남들이 보기에는 너무나 불운해 보일지도 모르겠다. 사실 그 시절엔 나도 그렇게 생각했었다. 나는 무언가를 쉽게 가져본 적이 없다. 가져보지 못한 게 대부분이고, 가졌다 하더라도 남들보다 몇 배는 힘들게 가졌다. 그러다 보니 항상 싸울 준비가 되어 있는 사람 같았다. '어디 덤빌 테면 덤벼 봐!' 하는 표정으로 항상 으르렁거리는 사람의 얼굴을 떠올리면 바로

20대 때 나의 얼굴이다. 그만큼 항상 날을 세우고 있었다.

어떻게 보면 악다구니를 품은 모습일 수도 있겠고, 독기가 서린 얼굴일 수도 있다. 그만큼 나는 인생을 전투적으로 살았다. 조금만 삐끗하면 무너져버릴 수 있는 상태였기 때문에 항상 주먹을 불끈 쥔 상태였달까. 삶에 지고 싶지 않았다. 내가 간절히 원하던 걸 다 빼앗기거나 이루지 못한 상태였기 때문에 일종의 오기 같은 게 겉모습으로까지 드러났던 것 같다.

"야, 정동식. 좀 웃어라. 무서워 죽겠다."

대학 동기나 선배들 중에는 이렇게 말하는 사람이 있을 정도였다. 내가 거울로 내 얼굴을 봐도 그랬다. 입은 항상 꾹 다물고 있었고, 눈매는 날카로웠다. 얼마나 미간에 힘을 주고 있었는지 늘 화가 나 있는 사람 같았다. 그런 내 모습이 나도 싫었다.

'정동식, 니 얼굴을 좀 봐라. 그러다가 니 옆에 아무도 안 온다!'

거울로 내 얼굴을 찬찬히 보던 나는 문득 이런 생각이 들었다. 어찌 해야 할지 몰라 그냥 나를 향해 씨익 웃어보았다. 어색했다. 입꼬리가 파르르 떨렸다. 웃는 것도 아무나 못 하는 거구나 싶었다. 그래도 다시 한번 입을 크게 벌리고 웃었다. 약간 정신이 나간 사람 같았다. 그래서 이번에는 '하하하' 소리를 크게 내고 웃어보니 그나마 좀 나았다. 그런데 그렇게 계속 소리를 내서 웃었더니 이상하게 기분이 좋아졌다. 고개까지 젖히며 크게 웃었다. 얼마나 그렇게 웃었을까? 한참 그렇게 억지로라도 웃었더니 신기하게도 진짜 웃음이 터졌다. '혼자 있으니 나도 참 별짓을 다 한다.'라는 생각도 들었지만, 확실히 기분이 나아졌다.

그날부터 나는 매일 아침 일어나서 거울을 보면서 억지로라도 웃었다.

"하하하하하!"

그렇게 크게 웃고 나면 좋은 에너지가 몸 안에서 꿈틀거리는 기분이었다. '행복해서 웃는 게 아니라, 웃으니 행복한 것이다.'라는 말이 떠올랐다. 예전에는 말도 안 되는 소리라고 생각했는데 정말 효과가 있었다. 매일 아침마다 거울을 보며 웃는 일을 꾸준히 하다 보니 얼굴이 조금씩 바뀌는 걸 나도 느낄 수 있었다. 그 이후론 거울을 볼 때마다 웃었다. 신기하게도 거짓말처럼 얼굴이 바뀌었다. 입꼬리가 자연스럽게 올라가고 눈매엔 웃음기가 서렸다. 인상이 바뀌니 사람들이 나를 대하는 태도도 달라졌다.

"야, 너 요즘 뭐 좋은 일 있냐? 왜 그렇게 얼굴이 폈어?"

이런 소리를 자주 들었다.

"하하, 그런가요? 감사합니다."

사람들이 호의를 보여주는 일이 늘어나자 어느 순간부터 사람들을 보면 먼저 웃으며 인사할 수 있게 되었고, 그러면 사람들도 웃으며 인사를 했다. 사람들이 나를 보고 웃으니 내 기분도 좋아졌다. 이렇게 미소는 내 삶을 조금씩 바꿔놓았다.

사람들은 '최고의 성형수술은 다이어트이다.'라고 말한다. 그 말을 나는 이렇게 바꾸고 싶다. '최고의 성형수술은 미소 짓는 것이다.'라고 말이다. 웃는 얼굴은 정말 예뻐 보이고 잘생겨 보인다. 사람들의 호감을 산다. '웃는 얼굴에 침 못 뱉는다.'라는 말도 있지 않은가. 이상해 보일 정도로 시도 때도 없이 상황 판단 못하고 아무 때나 웃으면 안 되지만, 잘 웃어서 손해 볼 일은 없다.

그 미소가 나한테는 삶의 무기가 되었다. 스스로 돌파구를 마련하지 않으면 버티기 힘들 정도로 어려운 생활에서 미소는 삶을 지탱해 주는 힘이 되었다. 삶이 나를 계속 벼랑 끝으로 몰고, 자존감을 깎아내리고, '못난 놈'이라고 손가락질을 하면 나도 거기에 맞대응을 했다. '그래도 나는 살 거야.'라고 마음먹으면서 말이다. '어디 누가 이기나 해보자.' 하는 승부욕이었는지도 모른다. 삶을 상대로 운동선수 특유의 근성과 승부욕을 불태운 것이다.

노숙인쉼터에서 아저씨들을 보면서 사는 건 절대 녹록지 않다는 걸 직접 눈으로 보고 겪으면서 그런 투지에 불이 더 붙었다. 한때는 남부럽지 않게 잘나가던 사람들도 어떤 이유에서든지 한 번씩 삐끗 발을 헛딛으니 나락으로 떨어지기도 했다. 그런 삶의 풍랑은 누구도 피해 가지 않았다. 장담컨대 한 번도 실패하지 않은 사람은 세상 어디에도 없다.

'그래, 삶은 누구에게나 시련을 가져다준다.'

나는 삶의 굽이굽이마다 이렇게 생각하면서 나 자신을 다잡았다.

'내가 지금은 비록 이렇게 험난한 인생의 길을 걷고 있지만 이게 누구나 맛본다는 인생 실패의 장면일 뿐이야. 그러니까 그 실패가 남들보다 좀 일찍 온 것일 뿐이야.'

이렇게 생각하니 부정적인 생각을 조금 덜 할 수 있었다. 미소를 짓는 그 작은 습관 하나가 이렇게 커다란 생각의 변화를 가져다준 것이다. 아침마다 거울을 보면서 활짝 웃고, 그런 나를 보면서 긍정의 말을 해주는 일은 그때부터 습관이 되었다. 별거 아닌 것 같더라도 당신도 한번 해보면 확실히 느낄 것이다. 긍정적인 시그널을 스스로에게 더해 주는 것, 자기 암시와 자기 확언이 얼마나 놀라운 변화를 가져다주는지 말이다.

성실함이
무기가 되어

매일매일 새벽 6시 기상, 영등포역에서 천안역까지 1시간 동안 입석으로 기차 타기, 천안역에서 학교까지 다시 버스 타기. 나의 등굣길은 이루 말할 수 없이 고됐지만 나는 묵묵하게 하루도 빠짐없이 그 일을 수행했다. 그렇게 나는 대학 생활 4년 내내 단 한 번도 결석을 하지 않았고, 지각도 하지 않았다. 이건 누가 뭐라 해도 자랑스러운 일이다. 나는 아무리 몸이 피곤하고 아파도 학교는 반드시 갔다. 감기에 걸렸을 때도 꾸벅꾸벅 조는 한이 있더라도 강의실에 앉아서 졸았다. 누군가는 미련하다고 할지도 모르지만, 그건 나의 철칙이었다. 여러 고민 끝에 나는 대학을 다니기로 결정했고, 그게 내 할 일이라면 무슨 일이 있어도 그 일을 해내는 것이 나의 철칙이고, 내가 삶을 대하는 태도였다. 할 수 있는 일이 많지 않을 땐 일단 내게 주어진 일들을 잘 해내는 것이 먼저이다. 그래야 다른 것도 해낼 수 있다.

이런 태도는 초중고등학교 때 운동을 하면서 배운 것이다. 몸이 조금 피곤하다고, 혹은 눈이 와서, 비가 와서, 추워서, 더워서 운동을 쉰다는 건 운동선수한테는 있을 수 없는 일이다. 근육에 쥐가 나고, 아무리 힘들어도 그날 훈련은 마쳐야 했다. 그렇게 하면서 점차 몸과 정신이 모두 단련되었다. 그런 생활을 10년 가까이 하다 보니 자연스럽게 성실함을 배우게 된 것이다.

말한 것처럼 사실 나는 강의를 제대로 알아들을 수 없었다. 마치 외계어를 듣는 것 같았다. 고등학교 때까지 수업을 제대로 들은 적이 없으니 대학교 수업을 따라가지 못하는 건 어쩌면 당연했다. 그러니 강의실에 앉아 있는 것 자체가 고문당하는 것 같았다. 하지만 난 졸더라도 자리를 지켰다. 죽이 되든 밥이 되든 자리를 지키는 것이 기본이고, 그것부터 잘해야 하나라도 얻을 수 있을 것이라 생각했다. 그걸 잘하는 것도 힘든 일이니까. 당시 우리 과 입학생은 50명이었는데, 학년이 올라갈수록 수업에 들어오는 학생 수가 줄었다. 술 마시고 강의에 안 들어오고, 학교가 마음에 안 든다고 그만두고, 선배한테 기합받았다고 결석하는 동기들이 수두룩했다. 나중에는 20명 정도가 앉아서 강의를 들었다.

물론 나는 동기들처럼 딴짓을 할 만한 여유가 없었다. 한 달에 50만 원씩 벌어 등록금 내기도 빠듯한 형편에 술 마시고 노는 건 불가능했다. MT를 가거나 미팅 같은 건 꿈도 꾸지 못했다.

이유야 어쨌든 나는 늘 강의실에 앉아 있었다. 할 수 있는 일을 먼저 제대로 하는 것. 그런데 꾸준하게 그런 태도를 가지고 생활하다 보니 내가 교수님들 눈에 띄기 시작했던 것 같다.

"정동식! 너처럼 성실한 학생은 나도 처음 본다. 그런 성실함이라면 나중에 뭐라도 할 수 있어."

교수님들은 그런 말로 나를 응원해 주셨다. 그렇게 칭찬과 격려를 받다 보니 더 성실해질 수 있었다. 무슨 일을 하든 기본은 태도이다. 태도가 좋으면 누구든 좋게 본다. 학교든 직장이든 마찬가지이다. "쟨 기본이 돼 있어."라는 말은 곧 태도가 좋다는 말이다. 솔직히 내가 교수님들 눈에 띌 만한 학생은 아니었다. 입학 성적도 낮고, 보아 하니 수업은 알아듣지 못하는 게 뻔하고, 리포트도 정말 말도 안 되게 제출했으니 말이다.

사실 나는 그때 어떻게 리포트를 써야 하는지도 몰랐다. 동기들과 어울리지 않았으니 도움을 받을 수도 없었다. 교수님들이 리포트를 써오라고 하면 참고서적을 복사해서 가위로 오려 붙이고, 내용을 워드로 쳐서 제출했다. 하지만 단 한 번도 리포트를 안 내거나 늦게 내지 않았다. 그런데도 성실하게 내 할 일을 해내는 것만으로도 '기본이 되어 있다.' '성실하다.'라는 평가를 받을 수 있었던 것이다.

인생에서 내 힘으로는 아무것도 할 수 없을 것 같을 때가 있다. 그럴 땐 너무 어렵게만 생각하지 말고 지금 하는 거라도 제대로 해보자. 그렇게 하다 보면 나만의 원칙이 생겨날 것이고, 그것이 내 삶을 지탱해 주는 지지대가 되어줄 테니 말이다.

그래, 갈 데까지
가보는 거야

계속하여 학교를 다니면서 노숙인쉼터 일을 하다 보니 나름 요령이 생겼고, 덕분에 약간의 여유 시간도 생겼다. 나는 그 여유 시간을 그냥 보내는 게 너무 아까웠다. 그때 이런 생각이 들었다.

'돈을 모으자. 내가 살아남는 길은 돈밖에 없어. 월급으로 받는 50만 원은 모두 모아서 등록금을 내고, 아르바이트를 해서 생활비랑 저축할 돈을 모아야겠다.'

결심이 섰으면 무조건 실행이다. 내 아르바이트 인생은 그렇게 시작됐다. 나는 그야말로 몸뚱이로 할 수 있는 일이란 일은 다 찾아다녔다. 특별히 잘하는 게 있는 건 아니지만 분명히 나에겐 건강한 신체가 있으니, 이걸 밑천 삼기로 했다. 운동으로 다져진 튼튼한 다리와 체력이 전부이니 여기에 승부를 거는 거다!

나는 시간을 쪼개고 쪼개서 요일별로 다른 일을 했다. 지금도 그렇지만 나는 정말 엄청난 멀티플라이어였다. 우선은 닥치는 대로 일을 했다. 신용카드 영업, 스포츠용품 판매, 대리운전, 막노동, 세신사 보조, 노래방 아르바이트까지 종목에 상관없이 할 수 있는 일은 무엇이든 했다. 너무도 간절하게 돈을 벌고 싶었다.

'언제까지 경제적인 이유 때문에 힘들게 살 수는 없잖아!'

일이 겹칠 때는 하루에 2~3시간 자는 일이 다반사였지만 그때는 젊고 돈에 대한 갈망이 너무 커서였는지 힘든 줄도 몰랐다. 그때 나는 아무리 힘들어도 약속한 일을 빼먹거나 쉽게 그만두지 않았다. 물론 학교도 절대 빠지지 않았다.

아르바이트를 할 때마다 어른들은 이런 나를 칭찬하며 말했다.

"아니, 젊은 친구가 대단하네. 어떻게 그렇게 많은 일을 하는 거야?"

"요새 젊은이 같지 않게 정말 성실하네. 잠은 자면서 일하는 거야?"

그런 말을 들을 때마다 나는 별일 아니라는 듯 웃으며 답했다.

"헤헤. 하다 보면 익숙해져요. 그리고 살려면 어쩔 수 없죠. 누가 대신 살아주는 것도 아닌데요. 제가 할 수 있는 게 다행이죠."

"하하, 그렇지. 금수저 아니고서야 공짜로 먹여주는 사람은 없지."

'누가 대신 살아줄 수 없는 인생'이란 말은 나한테 거는 주문과도 같았다.

'먹고살려면 내가 당연하게 해야 할 일.'

그렇게 받아들이면서 나는 계속해서 달렸다. 처음에는 죽을 만큼 힘들기도 했지만, 그것도 하다 보니 어느 정도 근력이 생겼다. 강철은 몇 번이나 단련되어야 한다고 하던데 꼭 그런 것처럼 조금씩 더 단단해지는 기분이었다. 무엇보다 돈이 조금씩 모이기 시작하니 고된 노동 끝에 보상을 받는 기분도 들었다. 통장에 0이 하나 더 찍히면 그렇게 짜릿할 수가 없었다. 월급 받는 재미, 통장에 조금씩 쌓여가는 돈을 보면서 나는 힘을 더 냈다.

'그래, 갈 데까지 가보자. 죽기 아니면 까무러치기야!'

이렇게 열심일 수 있었던 건 무조건 대학부터 졸업하겠다는 목표를 이뤄야 했기 때문이다. 축구선수만이 나의 길이라고 생각했던 내가 무엇을 해야 하는지 당장은 계획할 수 없었다. 내가 뭘 잘하는지도 몰랐고, 뭐가 재밌는지도 알 수 없었기 때문이다. 그래서 우선 단기 계획을 세워서 하나하나 목표를 이뤄야겠다고 생각했다.

'나는 더 이상 떨어질 곳도 없어. 그러니까 올라갈 일만 남았다는 뜻이야. 거창한 미래도 중요하지만 앞으로 가장 먼저 해야 할 일이 무엇인지 계획을 세우고 하나씩 차근차근 해나가자!'

그렇게 열심히 하다 보니 가물었던 내 일상에 축복 같은 단비가 내렸다. '하늘은 스스로 돕는 자를 돕는다.'라더니 정말 하늘이 나를 도와주는 느낌이었다. 그날도 아르바이트를 마치고 쉼터로 돌아와 보니 내 앞으로 2학기 등록금 고지서가 도착해 있었다. 갑갑한 마음에 한숨을 푹 쉬며 우편물을 뜯어보았다. 그런데 이게 웬일인가! 내가 학과 차석으로 장학금을 받게 되었다는 내용이 담겨 있었다.

'장학금? 내가? 리포트를 그렇게 냈는데?'

내 눈으로 보면서도 믿을 수가 없었다. 장학금은 공부 잘하는 사람이 받는 거 아닌가? 그런데 나는 공부와는 거리가 먼

학생이었다. 그러고 보니 먼저 받아본 성적표의 성적이 좋긴 했다. 대부분이 A였다. 성적표를 받았을 때도 사실 너무 놀라서 '성적표가 바뀐 거 아닌가?' 싶어 몇 차례나 이름을 확인했었다. 한참이나 고개를 갸우뚱하면서 생각한 끝에 나는 내 성적이 내 성실함 덕분이라고 혼자서 결론을 내렸었다. 교수님들은 학기 내내 포기하지 않는 내게 성실하다고 칭찬해 주셨고, 나는 '그래, 갈 데까지 가보자. 그냥 닥치는 대로 해보자.' 하는 마음으로 말이 되든 안 되든 내가 할 수 있는 최선에서 리포트며 과제를 해나갔다. 처음에는 이런저런 참고문헌들을 찾아서 붙여 넣는 수준이었지만 그것도 계속하다 보니 꽤 그럴듯하게 꼴을 갖출 수 있었다. 아마도 교수님들은 그런 내 태도나 성의에 좋은 성적을 주신 것이 아닐까?

어쨌든 그 덕분에 나는 등록금을 50퍼센트나 감면받는 장학금을 받을 수 있었다. 정말이지 그때 느낀 행복감은 지금도 잊히지 않는다. 그동안 고생했던 모든 것이 한순간에 녹아내렸다. 공부에 '공' 자도 모르던 내가 차석이라니! 등록금을 적게 내도 된다니! 사실 나는 대학을 다니면서 부모님 집에서 먹고 자면서 부모님 돈으로 학교 다니는 아이들이 부럽기도 했었다. 하지만 내 힘으로 장학금을 받으니 왠지 내 자신에게 자부심이 생겼다. 용기도 생겼다. 장학금이 경제적으로 무척 도움이 된 것도 사실이고, 덕분에 정말 힘이 난 것도 사실이다. 그런데 그것보다 더 중요한 것을 얻은 계기였다. 그건 '아무것도 하지 않는 것보단 뭐라도 하자.' '어떤 일이든 끝까지 해보자.' '무슨 일이든 헤치고 나가면 된다.'는 자신감을 내게 준 것이다. 힘이 들 땐 그런 믿음이 무엇보다 중요하니 말이다.

그런 믿음 덕분이었을까. 나는 그 뒤로도 두 번이나 더 장학금을 받았다. 공부에 요령도 생기고, 전공 공부에 재미도 붙으면서 전공과목은 매번 A$^+$를 받았다. 고등학교 때 맨날 책상에 엎드려서 잠만 자던 나에게는 놀라운 발전이었다. 그때 나는 또 한 번 깨달았다. 성실함과 꾸준함을 이길 무기는 없다는 것을 말이다. 처음이 어렵지 무엇이든 해보면 다 해낼 수 있다.

인생을 대면해 봐,
용기 있게!

내 인생에 잠시나마 숨통을 틔워준 장학금의 효과는 아주 오래가진 못했다. 나는 스스로를 계속해서 몰아붙이며 잠자는 시간까지 쪼개서 살다 보니 지쳐가고 있었다. 아무리 스스로를 믿는다고 해도 곁에 아무도 없는 삶은 외로웠고, 홀로 보내는 시간이 길어질수록 마음속에 의구심이 피어올랐다. 오로지 혼자서 꾸려 가야 하는 삶이 정말 너무 외로웠다. 밤마다 그 좁은 방에 틀어박혀 지직거리는 라디오 하나에 의지해 누워 있다 보면 나도 모르게 주르륵 눈물이 났다.

이 외로움 끝엔 무엇이 있을까? 이 외로움을 견디면 무엇을 얻을 수 있을까? 곰곰이 생각해 봤지만 아무것도 없을 것만 같았다. 큰 목표 없이 눈앞에 돈을 좇아 오로지 돈을 모으겠다는 일념 하나로 너무나도 나를 몰아세우듯 살다 보니 때때로 공허함이 밀려든 것이다. 통장에 돈이 쌓이는 즐거움도 그리 오래가진 못했다. 어느 순간 내가 통장에 차곡차곡 돈을 모으는 기계가 된 것 같은 기분도 들었다.

예전에는 태극마크를 달겠다는 목표가 있었기에 아무리 힘든 일이 있어도 외롭다거나 고통스럽다는 생각은 하지 않았다. 하지만 큰 목표를 가지지 않은 채 눈앞의 목표만 보며 삶을 살아가다 보면 어느 순간 분명히 한계에 부딪치기 마련이다. 그랬다. 번아웃이 찾아온 것이다. 그렇다고 해서 하루하루를 충실히 살아가는 것이 의미가 없는 것은 아니지만, 그래도 미래를 계획하지 않은 채 살아가는 건 어느 순간 나를 갉아먹을 수 있다는 걸 나는 그때 배웠다.

사실 그때는 나를 둘러싼 모든 사람들이 싫었다. 길을 가다가 사람들이 가족, 친구들, 또는 직장 동료들과 밥을 먹고 술을 마시고 서로 얼굴을 보며 웃는 모습만 봐도 화가 치밀었다.

'저 사람들은 뭐가 저렇게 즐겁지? 난 이렇게 힘든데, 뭐가 좋다고 저렇게 히히덕거리면서 웃고 있는 거야!'

지금 생각해 보면 어처구니가 없지만, 그 시절 악에 받쳐 있던 나는 그렇게 웃고 있는 사람들에게 달려들어서 한 대 때려주고 싶다는 충동까지 느꼈었다. 내가 가지지 못한 것을 사람들은 왜 그리 쉽게 가진 것 같아 보였는지 모르겠다. 나는 그때까지 누군가의 얼굴을 마주 보면서 밥을 먹어본 적이 거의 없었다. 초중고 시절 내내 합숙 훈련을 했고, 가정 환경도 어려웠기 때문에 따뜻하고 포근한 누군가의 관심과 사랑을 받아본 기억도 거의 없었다. 가족끼리의 저녁 식사, 친구와의 술 한잔, 친구들과의 여행, 단 한 번도 그런 즐겁고 행복한 경험을 해본 적이 없었다. 운동을 할 때는 뚜렷한 목표가 있으니 이런 것들이 전혀 문제되지 않았지만, 운동을 그만두고 나니 내가 몰랐던 다른 세상이 펼쳐졌고, 나와는 다른 삶을 살고 있는 사람들이 다 싫었다.

이렇게 하루하루 부정적인 생각은 커져만 가고 그런 나쁜 마음을 품고 일을 계속하다 보니 더 이상은 버티기가 힘들었던 것이다. 나는 이대로 있다가는 무슨 일이라도 저지를 것 같았다. 현실에서 도망가고 싶었다.

'나도 멘토가 있었으면 좋겠어. 나한테 조언해 줄 사람이 있으면 얼마나 좋을까.'

그때 문득 큰아버지가 생각났다. 그래, 나한테는 큰아버지가 계셨다. 왜 그동안 그 사실을 잊고 살았지? 나는 지푸라기라도 잡는 심정으로 큰아버지를 찾아갔다.

"큰아버지, 드릴 말씀이 있어요."

큰아버지는 나의 나쁜 안색을 살피며 내 얼굴을 빤히 바라보셨다. 그런 큰아버지의 눈빛을 보니 어쩐 일인지 마음이 든든해졌다.

"힘드냐?"

큰아버지의 말씀에 왈칵 눈물이 쏟아질 것 같았다.

"네, 너무 힘들어요. 매번 똑같은 하루하루가 너무 지루하고 괴로워요. 도망치고 싶어요."

"어디로?"

"군대로요."

나는 정말 바로 입대를 하고 싶었다. 군대에 가면 이런 생활을 더 이상 하지 않아도 되고, 현실을 잊을 수 있을 것 같았다. 나는 큰아버지 입에서 "그래, 그것도 좋은 생각이지."라는 말이 나오기를 기대하며 큰아버지 말씀을 기다렸다. 큰아버지는 묵묵히 나를 바라보다 무겁게 입을 떼셨다.

"동식아."

"네."

"고통을 회피하려고 하지 마라."

예상치 못했던 묵직하고 강한 한마디였다. 내 마음을 꿰뚫은 듯한 그 한마디에 나는 고개를 푹 숙였다.

"지금 네 상황이 힘든 건 큰아버지도 잘 알아. 하지만 힘들다고 벗어나고 피하려고만 하면 넌 결국 아무것도 할 수 없다. 앞으로 무수히 많은 일이 일어날 텐데 그때마다 도망칠 거냐? 어디로? 힘이 들수록 당당하게 부딪쳐서 그 어려움을 이겨내야지. 그게 인생이야. 니 앞에 놓인 고통을 마주 볼 수 있어야 해. 네 인생을 대면해 봐. 용기 있게!"

큰아버지의 말씀을 들으며 나는 마음에 응어리가 조금은 녹는 것 같았다. 나약한 조카를 채찍질하는 게 아니라 진심으로 내가 이 고난에서 스스로 일어나길 바라는 마음이 느껴졌다. 정말이지 인생 선배로서 나를 응원해 주시는 마음이 고스란히 느껴졌다.

큰아버지는 자신의 이야기도 덧붙여 해주셨다.

"나는 소년가장이었어. 너도 알다시피 내 부모님은 별다른 직업이 없으셨고, 우리는 사형제였다. 장남으로서 난 집안을 일으켜야 한다는 의무감과 책임감이 컸지. 그래서 공부만이 우리 집안을 살릴 길이라 생각하고 공부에 모든 걸 걸었다. 다행히 서울에 있는 대학에 진학할 수 있었고, 행정학과에 입학했지만 그보다는 사회복지학과가 전망이 있을 것 같아 전과를 했지. 다행히 그 판단은 적중해서 졸업 후에 빠르게 자리를 잡을 수 있었어. 그런데 말이다. 거기까지 가기가 쉬웠을 것 같니? 나도 말도 못 하게 고통스럽고 외로웠다. 하지만 어쩌겠니. 내게 주어진 인생이잖니. 부모, 형제를 바꿀 수는 없잖아. 누구도 내 인생을 대신 살아줄 수도 없고."

그랬다. 큰아버지도 가난을 이겨내고 젊은 나이에 청소년복지관 관장직을 맡으셨고, 장애인복지관 등의 관장으로 높은 관직에 오르셨다. 국민훈장 동백장까지 받으신 명망 높은 분이셨다.

"큰아버지 자랑을 하겠다는 게 아니야. 누구에게든 인생은 쉽지 않아. 하지만 그 어려움을 피하느냐 맞서느냐에 따라 인생은 달라진다. 명심해야 돼!"

한발 먼저 인생의 비탈길을 넘어온 큰아버지의 말씀은 나에게 큰 울림을 주었다. 그 말씀을 들으며 나는 힘겹게 버티던 내 마음을 다시금 다잡았다.

그렇지 않은가. 인생이 쉬운 사람, 인생을 쉽게 사는 사람은 세상에 단 한 명도 없다. 우리 모두 저마다의 아픔과 무게를 짊어지고 살아가지 않는가. 계속 생각했다. 축구할 때도 쉽지 않았다. 매 순간이 힘들고 고통스러웠다. 다만 지금과 다른 형태와 무게의 고통과 어려움이었을 뿐이다.

누구나 순간순간 자신이 짊어진 삶의 무게가 너무 힘들어서 휘청거리고, 세상을 지옥이라고 생각하고, 이 지옥에서 당장 벗어나고 싶다는 생각이 들 때가 있을 것이다. 그런데 그때마다 도망간다면 누가 내 인생을 책임져줄 수 있을까? 회피하는 것, 남 탓으로 돌리는 건 절대 해답이 될 수 없다. 그건 가장 비겁한 선택이다. 물론 누구나 각자 다른 고통을 짊어지고 살아간다는 걸 안다. 그러니 내가 그 모든 고통을 이해하고, 공감한다고 함부로 말할 수는 없다. 하지만 고통을 외면한다고 해도 절대 그 고통이 사라지지 않는다는 건 확실하게 말할 수 있다. 어려운 순간 도망간다면 그 고통은 자신을 더 괴롭힐 뿐이다. 해법은 단 하나! 자신의 인생에 당당하게 마주 서는 것이다.

'이번에는 이런 게 왔구나, 내 인생은 이렇구나. 어쩔 수 없지. 왔다면 내가 상대해야지.'

이런 결심만이 어려움을 극복할 힘을 준다.

다리를 땅에 단단히 붙이고 서 있으면 조금 흔들리다가 다시 중심을 잡을 수 있다. 뿌리 깊은 나무가 그렇지 않나. 몇백 년 동안 같은 자리에 서 있는 나무들은 뿌리가 깊기에 그 세월의 풍파를 이겨내고 견뎌낸 것이다. 맞서야 극복한다. 도망가면 인생은 뒤에서 나를 덮칠 것이다. 그렇게 습격을 당하느니 내가 내 눈으로 직접 다가오는 어려움을 똑바로 직면하는 게 낫다. 물론 쉬운 일은 아니다. 하지만 일단 생각부터 바꿔보자. 그것만으로도 세상이 달리 보일 테니 말이다.

'나약하게 도망치지 말자. 이보다 더한 것도 참고 여기까지 온 건데. 여기서 도망치면 그동안 내 시간들이 억울하지. 그래, 와라. 다 와라. 다 상대해 줄게.'

나 혼자만
힘든 것도 아니잖아

"넌 군대 안 가냐?"

대학교 2학년 무렵에 한 선배가 내게 물었다.

"곧 가야죠."

"너, 학사장교로 가는 건 어떠냐?"

"학사장교요? 그게 뭐예요?"

"직업 군인 같은 건데 출퇴근하면서 복무하는 거야. 월급도 많이 줘."

"네? 월급을 많이 준다고요?"

"너 하루에도 몇 개씩 아르바이트 뛰는 것 같던데, 그러다 죽는다. 한번 생각해 봐."

생각해 볼 필요도 없는 일이었다. 당시 장교 월급은 내가 지금까지 받아온 아르바이트비와는 비교도 되지 않았다.

'그래, 졸업할 때까지만 노숙인쉼터에서 일하고 졸업 후에 학사장교에 지원하자.'

그런 계획 아래 나는 대학 4년을 무사히 마치고, 2003년 6월 30일 3사관학교에 장교 후보생으로 입대했다. 여기서 석 달 동안 교육 훈련을 받고 통과하면 소위 계급장을 받게 된다. 나는 대구 영천 3사관학교에서 훈련을 받았다. 인생이 쉬웠던 적이 없었지만, 훈련 과정은 내 인생에서 정말 손꼽힐 정도로 힘들었다고 해도 틀린 말이 아닐 정도로 육체적, 정신적으로 말도 안 되게 힘들었다. 축구선수로 훈련받았을 땐 그게 세상에서 제일 힘들다고 생각했는데, 군대 훈련도 결코 뒤지지 않았다. 나중에 장교가 되어 병사들을 관리하고 가르쳐야 하기 때문에 엄격하고 고된 훈련은 당연한 거였다. 훈련 자체도 힘든데 날씨마저 도와주지 않았다. 경북 영천은 우리나라에서 제일 더운 곳이라는 말이 있을 정도로 여름이면 찜통더위에 숨이 턱턱 막히는 곳이다. 나는 그런 곳에서 한여름에 훈련을 받았다. 정말이지 그땐 학사장교고 뭐고 다 포기하고 싶다는 생각이 들 정도로 더웠다.

더위와 고된 훈련도 문제였지만, 더 큰 문제는 무엇보다 아직 내 안 깊은 곳에 남아 있는 불만과 부정적인 마음이었다. 계속 노력해 왔지만 여전히 나는 내게 주어진 상황에서 긍정하는 법을 제대로 익히지 못한 상태였다. 어쩌면 아직 사회화가 덜된 미숙한 상태였는지도 모른다. 나는 군대에 존재하는 서열에 복종하는 것이 처음에는 버거웠다. 나보다 나이 어린 사람이 상사라고 반말을 하고 아랫사람 대하듯 하는 게 마음에 들지 않았던 것이다. 그런 생각이 머릿속 깊이 박혀 있으니 결국 사달이 났다. 사격 훈련 때 나보다 어려 보이는 담당 조교의 훈련 방식이 마음에 들지 않아 그에게 덤비는 사고를 친 것이다.

그날도 엄청난 더위가 연병장을 뜨겁게 달구고 있었다. 그 더위에 1시간을 걸어 훈련장에 도착했는데 조교가 앉아 쏴, 엎드려 쏴, 서서 쏴를 끝도 없이 반복적으로 시키는 게 아닌가. 처음에는 어쩔 수 없이 했는데 나중에는 정말 짜증과 분노가 머리끝까지 치솟았다. 내가 자기보다 나이가 많은 걸 알고 일부러 더 그러는 것만 같았다. 그래서 나는 느릿느릿 하기 싫은 티를 내며 훈련을 대충 받았다.

"후보생님, 뭐 하십니까?"

조교가 나를 매섭게 노려보며 경고했다. 나는 더 이상 참을 수가 없었다. 순간 욱하는 감정을 뱉어내고야 말았다.

"야! 지금 날씨가 이렇게 뜨거운데 니가 한번 해 봐 그럼! 작작 해야지, 작작!"

조교는 눈빛이 순식간에 변하면서 곧바로 사격교관인 소령님께 상황을 보고했고, 나는 사격교관에게 호출됐다. 뒷일은 뻔했다. 소령님은 나를 열외시키고 엎드려뻗쳐를 1시간 이상 시켰다. 결국 총 한 번 못 쏴보고 불합격. 그 뒤 무려 2주 동안 사격 훈련을 받았다.

그 일은 나에게 세상을 향한 분노가, 누군가를 향한 분노가 얼마나 독이 되는지를 알려주었다. 내 성질에 못 이겨 폭주하듯 세상을 살아가면 안 된다는 것을 말이다. 무엇보다 마음에 쌓여 있는 부정적인 생각이 일을 그르치고 만다는 것을 배웠다. 사실 모든 훈련이 그러하듯 군대에서 받는 훈련도 힘든 게 당연한데 나는 내가 힘든 것만 생각했고, 절대 해서는 안 되는 행동을 하고 말았다. 만약 그때 내가 '이건 내가 어차피 겪어야 할 통과의례고 나 혼자 힘든 것도 아니니 끝날 때까지 참아보자.'라고 긍정적으로 생각했다면 순간의 화를 참지 못하고 조교에게 대드는 일은 없었을 것이다.

나는 계속해서 나를 훈련하고 있다. 긍정적인 마인드를 마음속 깊숙이 품고 살기 위한 훈련을 말이다. 그때 나는 속으로 이렇게 다짐했다.

'가장 중요한 건 긍정적인 마인드야. 어떤 일이 닥쳐도 긍정적으로 생각하면 그 일을 조금은 덜 힘들게 해나갈 수 있어. 부정적으로 생각해 봐야 결국 나만 손해야.'

절대 쉬운 일이 아니라는 건 인생의 여러 시련들을 마주하면서 계속 느꼈던 바이긴 하다. 게다가 결코 한순간에 바뀌지 않는다는 건 내가 이미 경험해서 알고 있다. 하지만 그래도 노력해야 한다. 정말 한 끗 차이지만 생각을 어떻게 하느냐에 따라 세상을 사는 태도가 달라진다. 마트 진열 아르바이트를 할 때도 그랬다. '이렇게 많은 상품을 언제 다 진열해. 어휴, 지겨워.'라고 생각하면 짜증이 솟구쳤다. 누가 건드리기만 해도 버럭 화가 나고, 일하는 내내 힘들었다. 하지만 '빨리 끝내면 퇴근 시간까지 좀 여유롭게 일할 수 있어.'라고 생각하면 일의 능률도 오르고 힘도 덜 들었다. 그렇게 사소한 생각의 전환이 많은 변화를 가져다준다는 것이다.

'그게 말처럼 쉬운 일이냐?'라고 반문하면 절대 안 바뀐다. 습관적으로, 일부러라도 그런 생각을 해보려고 노력하는 게 중요하다. 생각이 바뀌면 행동이 바뀌고, 행동이 바뀌면 습관이 바뀌고, 습관이 바뀌면 인생이 바뀐다. 자기가 하기 싫은 일을 해야 할 때, 억지로라도 긍정의 회로를 돌려보자. 아마 스스로도 놀랄 만큼 달라진 하루하루가 펼쳐질 테니 말이다.

절실함의 힘

사는 게 힘들다고 포기하지 마라. 아무도 도와주지 않는다고 주저앉지 마라. 무너지지만 않으면 살아낼 방법은 찾을 수 있다. 요즘 말로 '중꺾마(중요한 건 꺾이지 않는 마음)'이다.

2002년 한일월드컵 4강 진출이라는 쾌거를 거둔 히딩크 감독이 "나는 아직도 배가 고프다."라고 한 말의 의미를 지금에 와서야 알겠다. 그 시절에는 '나도 잘만 나갔으면 국가대표 선수가 됐을 텐데….'라는 원망으로 히딩크 감독의 말이 마음에 와닿지 않았다.

애플 창업주인 스티브 잡스가 말한 "Stay Hungry. Stay Foolish.(항상 갈망하라. 항상 우직하라.)"라는 말도 역시 마찬가지이다. 정말 배고픈 사람에게는 헝그리라는 단어를 둘러볼 마음의 여유가 없다.

젊은 시절의 배고픔을 지나 이제 스스로 밥값을 벌 수 있고, 무엇인가 해낼 수 있는 지금이 되어서야 배고픔, 간절함이 내 삶의 원동력이었음을 깨닫는다.

삶은 내가 견뎌낼 수 있는 만큼의 시련을 주는 게 맞는 것 같다. 치열하게 이겨내려고 했던 배고픔이 나를 여기까지 오게 한 게 맞다. 결국 승부는 헝그리 정신에서 나온다! 간절함이 이긴다!

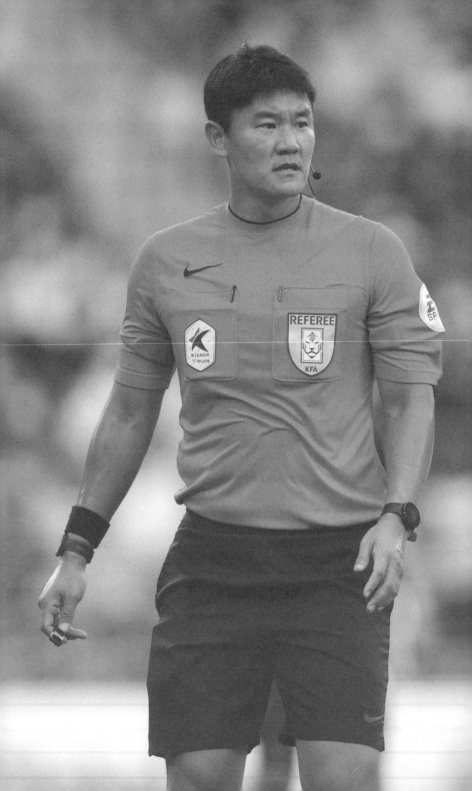

3장 집착의 힘

오로지

축구!

소년,
축구를 만나다

"야, 너희들 둘! 이리 와봐!"

아무것도 아닌 이 한마디. 조기축구회 아저씨의 이 한마디가 나를 본격적으로 축구의 세계로 이끌었다. 그날 새벽에도 형과 둘이서 운동장을 뛰고, 공을 차면서 놀고 있었다. 운동복을 입은 아저씨 한 명이 우리를 보며 손짓했다. 아침마다 운동장에 나와 축구를 하는 동네 조기축구회 회원이었다. 형과 나는 어리둥절해하며 아저씨 곁으로 다가갔다.

"너희 우리랑 같이 축구할래?"

"네? 아저씨들이랑요?"

형은 깜짝 놀라 되물었다. 아저씨 뒤에는 열댓 명의 아저씨들이 똑같은 운동복을 입고 우리를 빤히 쳐다보고 있었다. 초등학교 4학년, 5학년짜리가 저 아저씨들과 축구를 한다고? 나는 이게 무슨 소리인가 싶었다.

"인원수가 좀 모자라서 그래. 너희 새벽마다 나와서 공 차고 그러던데 같이 하면 더 재밌잖아. 축구도 배우고. 그냥 골대 앞에 서 있기만 해."

그렇게 얼떨결에 형과 나는 동네 조기축구회 최연소 회원이 되었다. 아저씨들에게 스카우트된 다음 날부터 우리는 누가 깨우지 않아도 새벽부터 일어나 쏜살같이 학교 운동장으로 달려 나갔다. 아저씨들 말대로 골대 앞에 서 있거나 아저씨들의 심부름을 하는 역할이 고작이었지만 정말 너무 재미있었다. 재미가 있으니 자발적으로 부지런해지는 기적이 우리에게 일어난 셈이다. 무엇이든 내가 재미있는 일을 하는 건 그래서 귀하고 중요하다.

어쨌든 팀을 짜서 축구를 하니 2~3명이 하던 축구와는 차원이 달랐다. 마구잡이 축구가 아니라 진짜 축구를 하는 것 같은 기분이 들었다. 형과 나는 어른들 사이에서도 누구 못지않게 열심히 달리고 공을 찼다.

인생의 기회는 예상하지 못한 순간에 찾아온다고 했던가.

처음에는 전혀 예상하지 못했지만 이 일이 나와 축구의 인연을 만들어주었다. 물론 처음부터 축구선수가 되겠다고 생각한 건 아니었다. 하지만 스스로 자각하지 못하고 있었을 뿐 어쩌면 이미 나는 축구선수에 대한 열망을 마음속 깊은 곳에 품고 있었는지도 모른다.

그런 내게 본격적인 축구 인생이 시작되는 제안이 찾아온 것도 그때였다. 초등학교 축구부 코치셨던 조기축구회 지도 선생님은 내 안에 있었던 축구선수가 되고 싶은 마음을 발견하고 꺼내주셨다. 어느 날 선생님이 나와 형을 불러 이렇게 말했다.

"정동훈, 정동식! 너희 제대로 축구 해볼 생각 없어?"

"네? 축구요? 저희가요?"

갑작스런 선생님의 제안에 나는 깜짝 놀라 되물었다. 어쨌든 초등학교 축구부 코치님의 제안이니 허튼소리는 아닌 것 같았다. 하지만 여전히 믿기 어려운 제안이었다. 우리를 보시며 선생님은 이렇게 말씀하셨다.

"체격도 다부지고 발도 빠르고. 재능이 있어 보이는데…."

나와 형은 어리둥절했다. 이게 바로 길거리 캐스팅인가? 선생님은 머뭇거리는 우리를 보면서 부모님께 한번 말씀드려보라고 하셨다. 어안이 벙벙하기도 했지만, 코치님이 재능이 있다고 해준 말이 너무 좋았다. 나도 멋진 축구선수가 될 수 있을 거라는 희망에 부풀어 형과 나는 집으로 부리나케 달려 갔다. 빨리 이 소식을 부모님께 전해야 했다.

"저희요! 축구 코치님이 그러시는데 저희가 축구에 재능이 있데요! 저도 축구가 좋아요. 축구선수가 될 수 있다고 하는데 저희 축구 해도 돼요?"

흥분이 가시지 않은 채로 나는 부모님께 신나게 말씀드렸 다. 하지만 돌아온 어머니의 대답은 내 예상과는 너무 달랐다.

"축구선수는 아무나 하니? 운동하려면 돈도 많이 들고 너 무 불안정해. 운동선수로 성공하는 사람이 얼마나 된다고 그 래. 너희들은 대학 가서 평범하고 안정적으로 살아."

부모님이 박수를 치며 좋아하실 거라고 생각했는데 기대 와는 완전히 달라서 형과 나는 맥이 빠졌다. 하지만 아버지는 어머니와 생각이 다르셨다. 어머니의 말에 발끈하며 목소리를 높이셨다.

"무슨 소리야! 재능이 보인다고 전문가가 말했다잖아. 하 면 되지 왜 안 되는 것부터 생각해서 애들 앞길을 막아? 아빠 는 대찬성이다!"

태권도 선수 출신인 아버지는 두 아들 모두 축구선수가 되 면 얼마나 멋진 일이냐며 발 벗고 나섰다. 결국 아버지는 조기

축구회에 나가 코치님과 이야기를 나누셨다.

"코치님, 저 녀석들이 정말 축구선수로서 가능성이 있어 보이나요?"

"두 녀석 다 체력이 좋아요. 게다가 발이 아주 빠르고, 무엇보다 축구를 굉장히 좋아하고요. 지금부터 훈련하면 가능성이 충분해요."

아버지는 코치님의 의견에 입이 귀밑까지 걸렸다. 마치 우리가 국가대표 선수에 뽑힌 것처럼 기뻐하며 그날 바로 초등학교 축구부에 우리 둘을 등록시켰다. 그렇게 나는 초등학교 5학년, 형은 6학년 때 축구부에 들어갔다.

이처럼 우리 형제는 얼떨결에 축구선수로서 첫발을 내디뎠다. 하지만 시작이 우연이었다고 해도 우리의 각오는 절대 호락호락하지 않았다. 형도 나도 축구를 너무 좋아하고 잘할 자신이 있었기에 각오와 의지만큼은 누구 못잖게 단단했다. 잘 해내고 싶었다. 그 어린 나이에도 내 열정만큼은 국가대표 선수나 마찬가지였다고나 할까. 그런 우리의 모습이 좋아 보였는지 축구부 감독님도 무척이나 우리를 마음에 들어하셨다.

그날 이후 내 유년 시절은 온통 축구뿐이었다. 난 다른 건 하나도 관심이 없었다. 또래 친구들이 좋아하는 만화, 친구, 게임 같은 건 다 시시했다. 공부는 더 그랬다. 오직 축구선수로 성공해서 가슴에 태극마크를 다는 것이 유일한 목표가 되었다. 하나만 보고 달릴 수 있다는 건 지금 생각해 보면 참 축복받은 일이었다. 그 시절은 내게 충만함이었고, 미래를 꿈꿀 수 있는 시간이었으며, 또 무언가를 향해 돌진하는 열정이 가득하던 때였다.

사실 운동선수는 물심양면으로 가족의 지원이 없으면 여러 어려움을 겪게 되는 게 사실이다. 다행스럽게도 내가 운동을 시작했을 때가 그나마 우리 집 형편도 가장 여유 있던 시기였다. 개인택시를 운전하셨던 아버지와 억척스럽게 돈을 모은 어머니 덕에 우리는 서울 변두리의 한 아파트로 이사를 갈 수 있었고, 집 걱정 없이 여유가 생기다 보니 가족 간에도 화목했다. 거기에 두 형제가 축구선수로 재능이 있다는 말까지 들었으니 아버지의 어깨는 하늘로 치솟았다. 마치 벌써 국가대표가 되기라도 한 듯 아버지는 우리를 열렬히 응원해 주었다.

"너네는 이제 우리 집안의 자랑거리가 될 거다. 너희만 열심히 한다면 아빠는 너희들을 끝까지 뒷바라지할 거야. 알겠지? 아무 걱정 말고 너희는 운동만 열심히 해!"

누군가의 지지와 응원을 받는다는 건 정말 큰 자양분이 된다. 우리에겐 그걸 무한대로 채워주시려고 애쓰는 아버지가 계셨다. 그 어떤 것도 부럽지 않을 만큼 든든한 지원군이었다.

하지만 인생의 시련은 또 예상치 못한 곳에서 터져버렸다. 두 형제를 국가대표로 만들고 싶어 하셨던 아버지의 결심은 그리 오래가지 못하고 산산이 부서져버렸다.

나를 죽이지 못하는 것은
나를 강하게 만든다

축구 선수로서의 인생은 우연한 기회에 열정적으로 시작됐지만, 그다음 날부터 우리의 하루는 끝없는 고난의 연속이었다. 운동장에서 뛰어놀며 축구를 하던 때와 달리 축구선수로 받는 훈련은 강도가 달랐다. 그나마 훈련이야 그렇다고 치더라도 나와 형을 가장 힘들게 했던 건 기합이었다.

우리 형제는 정말이지 하루도 빠지지 않고 혼이 났다. 늦게 뛴다고, 자세가 틀렸다고, 정신이 해이하다고, 아무 이유 없이 혼이 났다. 엄격하고 무서운 분위기에서 운동을 해야만 했다. 감독님이나 코치님의 권한이 지금보다도 더 절대적이던 시절이었다. 그러니 아무리 어려도 힘들다고 칭얼대거나 불만을 표할 수는 없는 분위기였다. 다들 감독님이나 코치님께 혼나지 않으려고 말을 잘 들었다. 그건 나도 마찬가지였다. 일단 감독님의 말씀을 잘 들으면서 열심히 훈련했다. 하지만 그저 혼나지 않기 위해서만은 아니었다. 나는 그냥 축구가 좋았고, 더 잘하고 싶었다. 그래서 시키는 것도 열심히, 시키지 않아도 열심히 훈련했다. 덕분인지 축구 실력도 점점 늘었다. 감독님도 내 실력이 점점 좋아진다면서 기대하셨고, 아버지는 그런 모습에 흥분을 감추지 않으며 무척이나 좋아하셨다.

그렇게 무사히 초등학교를 졸업하고, 나는 축구부가 있는 중앙대학교 사범대학 부속중학교(중대부중)에 입학했다. 중학교 축구부는 축구선수가 되겠다는 꿈을 가진 아이들의 첫 발판이다. 초등학교 때는 축구선수가 된다는 게 어떤 것인지 처음으로 맛보고, 중학교에 진학해 본격적으로 훈련받는다고 보면 된다. 축구선수라는 하나의 목표가 있으니 모든 축구부 아이들이 하나같이 열심히 한다. 열심히 하는 것 자체가 기본이 되다 보니 다른 친구들보다 더 열심히 하는 사람만이 살아남을 수 있다.

나는 완전하게 축구선수로서의 길을 가기로 마음을 먹은 터라 공부는 아예 포기하고, 오직 축구에만 매달렸다. 누구보다 절박했던 나는 그야말로 죽기 살기로 축구만 팠다. 내 절박함의 밑바닥에는 두 아들을 축구선수로 키우기 위해 갖은 고생을 하시는 부모님의 노고가 자리하고 있었다. 넉넉하지 않은 살림살이에도 부모님은 우리에게 최선을 다하고 계셨다. 그러니 나는 그 기대에 어긋나지 않도록 정말 최선을 다해야겠다는 마음뿐이었다.

나는 정말 독하게 훈련에 매진했다. 주위에서는 나를 보면서 혀를 내두를 정도였다. 오직 연습, 또 연습이었다. 저녁 훈련이 끝나고 집으로 돌아갈 때도 언덕이 보이면 무조건 오리걸음을 걸었다. 저녁밥을 먹은 다음에는 체력과 순발력을 기르기 위해서 30분씩 줄넘기를 했다.

"저 녀석 진짜 독하네. 그 힘든 훈련을 하고 집에 가면서도 또 체력 훈련을 해? 대단하다, 대단해."

주위 사람들은 나의 노력에 혀를 내두르면서도 감탄했다. 그런 인정은 나를 더 자극했다. 게다가 나 스스로도 하루가 다르게 실력이 향상되는 걸 느끼니 신이 나서 더 이를 악물었다. 그때는 정말 힘든 줄도 몰랐다. 무언가에 완전히 미치면 그 어떤 고통도 참아낼 수 있다는 걸 그때 처음 느꼈다. 나는 정말이지 반쯤은 미쳐 있었다. 그러니 나는 아무리 힘들어도 포기하지 않을 수 있었다. 부모님의 기대를 꼭 채워드리고 싶다는 마음이 정말 너무나 간절했으니까.

어느 책에서 니체의 한 구절을 본 적이 있다.

'나를 죽이지 못하는 것은 나를 더 강하게 만든다.'

그렇다. 인생을 걸고 절실하게 하고 싶은 것이 있다면 고통은 나를 더 강하게 단련시켜주는 자극제가 될 뿐이다. 아무리 어려워도 포기하지 않는 정신은 그때부터 내 인생의 신념이 되었는지도 모르겠다.

끝날 때까지
끝나지 않는다

브레이크 없는 자동차마냥 축구를 향한 열정 하나로 질주하던 내게 시련이 닥쳐왔다. 중학교 2학년이던 어느 날 계단을 오르는데 무릎이 시큰시큰했다.

'어, 왜 이러지? 어제 운동을 너무 무리하게 했나?'

처음에는 전날 훈련을 너무 많이 해서 그런가 싶어서 넘겼는데 증상이 점점 더 심해졌다. 계단을 오를 때도 그렇고 날씨가 추우면 무릎이 더 시큰시큰한 게 보통 일은 아니다 싶었다. 축구선수에게 무릎 부상은 치명적일 수 있기에 나는 불안한 마음으로 병원을 찾았다.

"오스굿슐라터osgood-schlatter 병이에요."

"네? 오스굿? 뭐라고요?"

처음 듣는 병이었다. 의사 선생님은 병명조차 낯선 이 병에 대해 설명해 주셨다.

"아직 성장하고 있는 무릎뼈를 과도하게 사용하면 걸리는 병이에요. 자, 보세요. 여기 무릎 바로 아래, 정강이뼈 위쪽이 조금 튀어나온 게 보이죠?"

그러고는 내 무릎을 살짝 눌렀다.

"으악!"

그리 세게 누르지도 않았는데 '악!' 소리가 나올 만큼 너무 아팠다.

"이렇게 누르면 아프고, 운동한 뒤에 통증이 심해지죠. 주로 성장기 남자아이들에게서 많이 발생하는데 신체 활동량과 비례해서 생기는 병입니다."

증상이 약한 경우에는 수개월 내에 정상적으로 돌아오지만 나 같은 경우는 통증이 너무 심했다. 증상을 없애려면 원인이 된 운동을 하지 말아야 한다고 했다. 청천벽력 같은 말이었다. 나는 발버둥 치듯 외쳤다.

"축구부인데 어떻게 운동을 안 해요? 그럴 순 없어요!"

나는 통증을 참을 수 있다면서 고집을 부려봤지만, 고집을 부린다고 될 일이 아니었다. 통증은 점점 더 심해졌고, 달리기조차 할 수 없었다. 절망적이었다. 다른 아이들은 시간을 쪼개 가며 훈련받고, 경기에 나가 실력을 뽐내는데 나는 집에 누워만 있어야 한다는 게 너무 화가 났다. 다른 아이들은 모두 앞서 달리는데 나만 뒤로 처지는 기분이었다. 열심히 하다가 걸린 병이라고 하니 더 화가 났다.

'어떻게 이래? 열심히 하면 병에 걸린다는 게 말이 돼!'

속으로는 화가 계속 치밀어 올랐지만 그렇다고 좌절하고 있을 수만은 없었다. 이미 엎어진 물이니 나는 이제 내가 할 수 있는 일을 찾아야 했다.

'그래, 재활훈련 잘 받자. 그게 빨리 다시 운동할 수 있는 방법일 거야.'

그날부터 나는 재활훈련에 온 힘을 쏟았다. 하루라도 빨리 축구부 훈련에 복귀해서 시합에 나가고 싶은 마음뿐이었다. 하지만 마음을 다잡고 또 다잡으며 재활훈련을 했음에도 내 몸은 야속하게도 내 마음을 따라주지 못했다. 그사이 나는 조금씩 지쳐갔고, 부모님 역시 조금씩 지쳐갔다. 당시 부모님은 우리에게 직접적으로 내색하진 않으셨지만 운동하는 두 아들 뒷바라지에 어려움을 겪고 계셨다. 그 때문에 부부싸움도 자주 하셨고, 두 분 사이의 대화도 점점 더 없어졌다. 그런 부모님을 바라보는 형과 나의 마음도 당연히 편하지 않았다. 더구나 나는 뛰지도 못하고 누워 있어야 하니 가시방석에 앉아 있는 것만 같았다. 마음이 자꾸만 나약해지는 걸 나도 어쩌지 못했다.

'그냥 운동을 포기할까? 그럼 부모님 짐을 조금은 덜어드릴 수 있을 텐데….'

이런 생각이 하루에도 열두 번씩 들고는 했다. 하지만 막상 그만둔다고 생각하면 눈앞이 깜깜했다.

'난 축구밖에 모르는데 축구를 그만둔다고? 그럼 내가 과연 뭘 할 수 있을까?'

그런 생각들이 꼬리에 꼬리를 물었다. 무엇보다 지금까지 축구 하나에 쏟은 나의 시간과 노력이 너무 아까웠다. 고민을 거듭한 끝에 나는 더 물러서지 말고 스스로 돌파구를 찾아보자고 마음먹었다.

'끝까지 해보지도 않고 여기서 그만둔다는 건 너무 나약한 생각이야. 여기서 멈춰선 안 돼.'

그렇게 흔들리는 마음을 다잡으며 이를 악물었다. 뒤돌아보면서 허비할 시간이 없었다. 나는 다시 죽기 살기로 재활에만 몰두했다. 그게 내가 찾은 답이라면 그 역시 최선을 다해야 하지 않겠는가! 고생 끝에 낙이 온다고 다행히 1년 만에 몸은 정상 컨디션으로 돌아왔다. 통증에서 벗어나니 날아다닐 것 같았다. 예전보다 더 축구를 잘하고 싶은 욕심이 솟구쳤다. 가슴에 태극마크를 달고 국가대표가 되는 게 내가 할 일이고, 부모님을 조금이나마 편안하게 해드릴 수 있는 유일한 방법이라고 생각했으니 말이다. 내겐 목표 하나만 중요했다.

'끝날 때까지 끝나지 않는다.'라는 유명한 말처럼 어떤 고난이 닥쳐와도 나와 정면으로 승부해야 한다. 인생에 시련이 닥치면 누구나 조금 쉬운 길로 가고 싶은 유혹에 빠지곤 한다. 내가 지금 포기하는 것이 더 나은 선택 같아 보일 때도 있을 것이다. 하지만 좋아하는 일이라면, 내가 반드시 해내고 싶은 일이라면 맞서야 한다. 나는 그 어린 시절에 처음 그 마음을 가졌던 것 같다.

나쁜 일은
왜 한꺼번에 올까?

중학교를 졸업하고 중대부고에 입학했다. 축구선수가 되려면 고등학교 시절을 정말 잘 보내야 한다. 그래야 대학 축구부 감독님들의 눈에 들어 특기생으로 스카우트되기 때문이다. 나와 형은 대입을 목표로 혼신의 힘을 다했다. 사람들이 미쳤다고 할 정도였다. 그 고된 훈련을 끝내고 나서도 형과 나는 자는 시간을 줄여가며 개인 훈련을 했다. 나는 부족한 스피드 훈련을, 형은 체력 훈련을 사력을 다해 해나갔다. 노력에 상을 준다면 우리 형제가 1등 트로피를 거머쥘 수 있다고 자신할 수 있을 만큼 정말 죽도록 노력했다.

하지만 우리의 노력과는 상관없이 부모님은 점점 더 지쳐 갔다. 운동하는 두 아들의 뒷바라지를 하는 건 경제적으로나 심리적으로나 정말 힘든 일이기 때문이다. 사실 프로 선수가 되기 전까지 운동선수들은 정말 많은 경비가 든다. 하계 훈련, 동계 훈련비, 장비나 기타 경비, 식비 등등 들어가는 돈은 상상 이상이다. 게다가 우리 집은 두 형제가 모두 운동을 하고 있으니 두 배의 경비가 들어갔다. 어머니는 우리 뒷바라지를 하기 위해서 옷 장사, 반찬 장사 등 돈 되는 일은 가리지 않고 무엇이든 하셨다. 그런데 우리 아버지는 열의만 넘치던 분이 었다. 아버지는 개인택시 운전을 뒷전으로 미뤄두고 시시때때로 우리 경기를 쫓아다니면서 응원에 열을 올리셨다. 당연히 어머니는 그런 아버지에게 불만이 늘어갈 수밖에 없었다.

"애들은 나 혼자 키워요? 운동시키겠다고 결정한 건 당신 인데 애들 뒷바라지할 생각은 안 하고 맨날 차 세워두고 애들 경기만 쫓아다니면 나 혼자 어떻게 감당해요!"

어머니는 아버지에게 화도 내고 통사정도 했지만, 아버지 가 달라지지는 않으셨다. 그때는 잘 몰랐는데 지금 와서 생각 해 보면 아버지는 자신의 삶에 만족하지 못하셨던 게 아닐까 싶다. 태권도 선수셨던 당신이 이루지 못한 꿈을 우리 형제가 이뤄주길 바라신 것이었는지도 모르겠다. 어쩌면 아버지는 스포츠 스타 아들을 둔 부모의 삶을 꿈꾸었는지도 모른다.

어쨌든 두 분 사이에 이런 깊은 골이 흐르다 보니 어머니는 삶의 의욕까지 차츰 잃어버리고 있었다. 어린 마음에도 힘에 부칠 만한 상황이라는 생각이 들었다. 하루는 어머니가 우리 형제를 불러놓고 이렇게 말씀하셨다.

"너희들…. 축구 그만둘 생각은 없니?"

아무리 힘들어도 한 번도 이런 말을 하지 않은 어머니였다. 얼마나 힘들었으면, 얼마나 고통스러웠으면 축구를 그만두라고 말씀하실까 너무 가슴이 아팠지만 차마 그만두겠다고 말할 수는 없었다. 학창 시절 내내 축구 하나만 보고 지냈는데…. 이제 와서 축구를 그만두면 대학은 어떻게 가고, 졸업하고는 뭘 하고 산단 말인가. 형과 나는 어머니의 말에 어떤 말도 할 수 없었다. 아무 대답도 하지 못하는 우리에게 어머니는 말씀하셨다.

"엄마는 더 이상 해낼 자신이 없다. 혼자서는 감당이 안 돼. 정말 미안하다."

하늘이 무너져 내리는 것 같았다. 절망감이 엄습해 왔지만, 그렇다고 그만둘 수도 없는 노릇 아닌가.

'어떻게 해야 하지?'

아무리 생각해도 답이 나오질 않았다. 이러지도 저러지도 못한 채 며칠이 흘렀다. 이번에는 아버지가 우리를 불러 앉혔다. 만약 아버지까지 운동을 그만두라고 한다면 더 이상 버틸 수 없는 노릇이었다. 바짝 긴장한 채로 아버지 앞에 앉았다. 고개를 푹 숙인 채 아버지가 무슨 말씀을 하실지 처분만 기다렸다. 그렇게 얼마 동안 침묵이 이어졌고, 아버지가 무겁게 말문을 여셨다.

"너희 볼 면목이 없구나. 보란 듯이 성공시키고 싶었는데…. 능력 없는 아비라서 미안하다."

눈물이 터질 것 같았지만 나는 이를 악물고 눈물을 참았다.

"내 부탁은…. 뼈를 깎는 심정으로 운동을 열심히 하라는 말뿐이다. 너희들이 지금 할 수 있는 걸 해라. 아버지 부탁은 그것뿐이야."

나는 그때 아버지의 눈물을 처음 봤다. 어떤 일이 있어도 우는 일이 없던 아버지였다. 부지런하고 강했던 아버지가 우리 앞에서 눈물을 흘리시니 가슴이 무너졌다. 아버지의 눈물은 좀처럼 멈추지 않았고, 그런 아버지를 보며 우리 형제도 울었다.

어머니의 깊은 한숨과 주름, 아버지의 눈물을 본 뒤 더는 물러날 곳이 없다는 심정으로 축구에 더 매달렸다. 각성하고 또 각성했다. 그전에도 그랬지만 축구 외엔 다른 어떤 것에도 눈

길을 주지 않았다. 우리 형제의 세상엔 오직 축구만이 존재할 뿐이었다. 축구밖에 모르는 바보, 축구 외의 일은 아무것도 모르는 바보라고 해도 틀린 말이 아닐 정도로 그냥 축구만 팠다.

그렇게 미친 듯이 축구에 매진하다 보니 실력은 점점 늘었다. 이것도 운이다 싶을 만큼 성취감도 있었고, 감독님과 코치님께도 인정받기 시작했다. 그리고 마침내 형은 서울의 한 대학교에 스카우트되었다. 부모님은 "고생 끝에 낙이 온다."라며 무척이나 기뻐하셨다. 형이 무사히 졸업하고 대학에 입학하고, 나도 뒤를 이어 대학에 가면 우리 집안 형편은 조금씩 좋아질 것이라는 희망이 생겼다. 축구선수로 성공하겠다는 목표를 이룰 날이 눈앞에 다가온 기분이었다.

하지만 우리의 부푼 희망은 예상치 못하게 다가온 시련에 꺾여버리고 말았다.

"뭐라고요? 형 발목이 부러졌다고요?"

동계 훈련을 간 형이 큰 부상을 입은 것이다. 고등학교 2학년 동계 훈련에서 당한 부상이었다. 고3을 코앞에 두고 당한 부상이어서 더 큰일이었다. 일반적인 입시도 마찬가지겠지만 운동선수에게 고3은 무척 중요하다. 대학에 입학하려면 고등학교 3학년 때 제대로 기량을 보여줘야만 한다. 그렇지 못하면 아무리 스카우트가 되었다고 해도 입학이 취소될 수도 있기 때문이다.

　모두가 말로 다 할 수 없는 충격에 휩싸였다. 가장 충격을 받은 건 물론 형이었다. 그때 형이 느꼈을 불안은 누구도 제대로 알 수 없을 것이다. 그럼에도 형은 포기하지 않고 재활에 악착같이 매달렸다. 하지만 워낙 큰 부상이라 회복이 쉽지 않았다. 형은 6개월을 쉴 수밖에 없었고, 반년이나 아무런 성과가 없자 결국 대학 입학이 취소되고 말았다. 형을 스카우트했던 대학팀의 감독님이 부상 선수를 받을 수는 없다고 결정을 내린 것이었다. 가족들 모두 깊은 절망에 빠졌다. 하지만 형만큼은 아니었을 것이다.

　누구보다 죽기 살기로 축구만 파왔는데, 근성도 있고, 발도 빠르고 누구보다 성실했는데…. 왜 이런 불운이 형에게 찾아왔을까? 신이 너무나 가혹하다는 생각밖엔 들지 않았다. 하지만 내가 이런 마음을 갖는다 한들 형에 비할 수 있을까. 형은 매일매일 술을 마셨다. 텅 빈 눈으로 삶의 의지를 놓은 것 같았다. 하루는 소주를 8병이나 마셔서 죽을 뻔하기도 했다. 삶을 붙잡을 그 무엇도 남지 않은 사람 같았다.

　"야, 동식아. 세상이 뭐 이렇게 거지 같냐? 죽기 살기로 했는데 이 꼴이 뭐냐. 열심히 산 사람한테 이러면 안 되는 거 아니냐?"

형의 절망은 가늠할 수 없을 만큼 깊었다. 형에게 그 어떤 말도 할 수 없었다. 형에게 정신 차리라고 말할 수도 없었고, 위로를 건넬 수도 없었다. 함께 운동을 하지 않았다면 모를까 운동선수가 느끼는 그 좌절감을 너무 잘 알고 있기에 정말 아무 말도 할 수가 없었다.

형의 부상과 대입 실패는 집안에 짙은 그늘을 드리웠다. 어머니는 식음을 전폐하다시피 하시며 드러누우셨다. 어머니도 형 못지않게 좌절감을 느끼셨던 것이다. 아들의 성공만을 바라며 자신의 인생을 바쳤는데 형의 꿈이 좌절되자 자신의 인생까지 무너지는 허무함을 느낀 것이다.

그날 이후 우리 집에는 시련이 계속되었다. 나쁜 일은 한꺼번에 온다더니 정말로 꼬리에 꼬리를 물며 감당하기 어려운 힘든 일이 닥쳐왔다.

우리에게 닥친 두 번째 시련은 아버지의 교통사고였다. 아버지가 낸 교통사고로 피해자가 크게 다쳐서 합의금을 마련해야 했다. 하지만 우리 집이 감당할 수 있는 수준이 아니었다. 우리는 결국 집을 팔아야 했다. 부모님은 어렵게 마련한 아파트를 내놓고 월세방으로 이사를 했다. 잃어버린 건 돈만이 아니었다. 아버지는 피해자에 대한 죄책감, 가정을 무너뜨렸다는 절망감에 빠져 매일같이 술을 드셨다. 어머니도 스트레스를 감당하지 못해 우울증에 빠지고 말았다. 지옥같이 반복되는 부모님의 싸움, 대화가 끊겨버린 가족. 그때 나는 그런 어둠 속에 서 있었다.

내가 할 수 있는 일은 운동밖에 없었다. 형이 대입에 실패했으니 나라도 꼭 가야 한다는 절박함이 있었고, 집안을 일으킬 사람은 나뿐이라는 책임감도 더욱 강해졌다. 나는 계속 앞만 보고 달렸다.

그 깊은 절망 속 한 줄기 빛이었을까? 고3 여름 무렵 나는 서울의 한 대학교에서 입학 허가를 받았다. 부모님은 정말 기뻐하셨다. 다행스럽게 그즈음 형도 자리를 털고 일어났다. 형은 부모님 대신 생활비와 내 등록금을 대기 위해 근처 당구장에서 일하며 돈을 벌겠다고 나섰다. 그렇게 미래에 대한 실낱같은 희망이 생기는 것 같았다. 대학교에 가서도 지금처럼 열심히 하면 분명 누군가 나를 눈여겨볼 것이고, 실업팀에 들어가 프로 선수가 될 수 있을 것이다. 나는 자신 있었다. 위대한 선수가 되는 건 어려울지 몰라도 팀에 도움이 되는 선수가 될 자신은 있었다. 지금 해야 하는 일은 그저 내게 주어진 상황에서 최선을 다하는 것뿐. 그러니 돌아보지 말고 내 길을 가자! 나는 매 순간 축구에 매달렸고, 치열하게 내 인생에 최선을 다했다.

하지만 시련은 또다시 닥쳐왔다. 목표를 향해 매진하며 보내던 가을, 대학 입학을 코앞에 두고 훈련에 열중하던 나에게 청천벽력 같은 소식이 전해졌다.

"정동식, 너 입학 취소됐다."

감독님의 무덤덤한 말에 나는 정신이 아득해졌다.

"네? 그게 무슨 말씀이세요?"

"그 대학 축구팀 감독이 뇌물죄로 구속됐어. 학부모들한테 거액의 돈을 받아먹었대. 액수가 너무 커서 수습할 수도 없고. 학교 측에서는 재학생들만 졸업시키고 축구부를 해체시킨다고 결정했다."

"감독님, 그럼 저는요. 저는 어떻게 되는 거예요?"

"안타깝게 됐다. 하지만 어쩌겠냐. 운이 없었다고 생각해."

'운이 없었다 생각하라고? 안타깝게 됐다고?'

나는 인생이 무너졌는데 고작 안타깝다고 말하는 감독님에게 서운했고, 왜 이런 시련이 또 내게 닥쳤는지 분노가 치밀어 올랐다. 세상에 빛이라고는 점 하나도 없는 그런 기분을 알까? 세상을 향한 울분이 쏟아졌다. 대체 왜 어른들이 저지른 비리로 피해는 애꿎은 내가 당해야 하는지 이해할 수 없었다.

'왜 나만 이런 일을 당하는 거야!'

정말이지 어떻게 해야 할지 알 수도 없었다.

'축구밖에 모르는데, 나보고 어떡하라고! 축구가 아니면 나한테는 아무런 의미도 없다고!'

아무리 분노하고, 울분을 토해도 누구도 도와주지 않았다. 부모님도, 학교 선생님들도, 감독님과 코치님도 나를 위해 해줄 수 있는 일이 없었다. 이 끔찍하고 어이없는 상황 앞에서 나는 망연자실 넋을 놓았다. 그리고 그즈음 부모님이 이혼했다는 사실도 알았다.

"너 운동에 전념하라고 일부러 말 안 했어. 엄마는 이제 안 돌아올 거야."

형에게서 들은 이 몇 마디가 전부였다. 엄마가 사라진 집. 꿈이 사라진 내 인생. 나는 더 이상 살아야 할 이유를 찾을 수 없었다.

그래도
살아야 하기에

몇 날 며칠 동안 나는 좀비처럼 살았다. 영혼이 사라져버린 것 같았다. 머릿속은 텅 비어버렸고, 손가락 하나 까딱하고 싶지 않았다. 앞으로 뭘 해야 할지, 뭘 할 수 있을지 아득하기만 했다. 얼마나 지났을까 감독님이 나를 불렀다.

"선생님 친구 중에 체대 입시 학원을 하는 애가 있어. 소개해 줄 테니까 거기 가서 운동 배워서 입시 준비해."

"선생님, 제가 입시를 어떻게 준비해요. 공부를 해본 적도 없는데요."

"체대는 실기 비중이 높으니까 일단은 해봐. 뭐라도 해봐야 할 거 아냐."

맞는 말이었다. 뭐라도 해봐야 했다. 나는 감독님 친구분의 학원을 찾아가 체대 입시를 준비하기 시작했다. 다행히 학원비는 없었다. 감독님이 부탁해 놓은 모양이었다. 그리고 노량진 입시 학원에도 다니기 시작했다. 공부라곤 초등학교 이후 제대로 해본 적이 없었지만 일단 학원 수업이라도 들어야 할 것 같았다. 물론 학원 수업을 들어도 무슨 소리인지 하나도 알아들을 수 없었다. 그래도 나는 자리에 앉아 있었다. 졸리고 피곤했지만 지각도 결석도 하지 않았다.

그렇게 나는 체대 입시에 매달렸다. 합격할 수 있을지 없을지 알 수는 없었지만, 앞일이 어떻게 될지 모르는 상황이라면 되는 쪽에 승부를 걸어야 하지 않을까 생각했다. 이제 내 목표는 축구선수가 아닌 체대 합격이 되었다. 목표를 세웠으니 앞만 보고 달리는 일만 남아 있었다. 나는 절망하는 대신 내가 할 수 있는 일에 다시 초점을 맞추고 내달렸다. '시간도 얼마 남지 않았으니 일단 해보자. 하는 데까진 해보는 거야.'라고 마음먹고 정말 열심히 했다.

그렇게 두 달이 흘러 마침내 수능시험을 치렀다. 결과는 400점 만점에 187점. 낮은 점수처럼 보여도 내게는 기적과도 같은 점수였다. 일단 체대 입시에 도전해 볼 수는 있을 터였다. 체대는 실기로 체력 테스트를 보는데 10년 가까이 운동을 했으니 그건 자신 있었다. 그래서 나는 합격할 수 있을 것 같은 학교 네 곳을 골라 원서를 넣었다. 결과는 네 군데 모두 합격. 나조차도 예상하지 못 했던 결과였다. 그때 나는 스스로에게 계속 주문을 걸었다.

'하면 된다. 하면 된다. 하면 된다.'

지금도 이 주문은 유효하다. 아무리 어려운 일이 닥쳐도 좌절하고 절망하기보다는 되는 쪽에 승부를 걸어보는 거다.

이제 남은 것은 합격한 네 학교 중 어느 곳으로 갈 것인지를 결정하는 일이었다. 그리고 그 결정의 중심에는 축구가 있었다. 나는 여전히 축구를 놓을 수 없었고, 계속해서 축구를 하고 싶었다. 길이 없다면 스스로 길을 내면 되지 않을까? 스스로 자문자답하면서 이런 결론에 이르렀다.

'축구부가 있는 대학교에 가서 감독님에게 부탁하면 축구부에서 뛸 수 있을지도 몰라!'

그래서 학교를 선택하는 첫 번째 조건은 그 학교에 축구부가 있는가 하는 것이 되었다. 축구부가 없는 두 곳은 자연스럽게 고려 대상에서 제외되었다. 남은 두 곳의 대학을 두고 나는 신중하게 고민했다. 순간의 선택이 내 축구 인생을 좌우할 테니 섣부르게 결정할 수 없는 노릇이었다. 나는 모든 조건을 하나하나 따져가며 내가 축구를 하려면 어디로 가야 할지만 생각했다. 열정도 중요하지만, 객관적인 자기 인식과 판단이 중요하다고 생각하고 냉철하게 결론을 내리기로 했다.

두 곳 중 한 대학은 축구부 역사가 깊었다. 축구선수에게는 더 좋은 조건이었다. 하지만 그 학교에서는 내가 경쟁력이 없을 것이었다. 그 학교에서 내가 마음에 들었다면 내가 고등학생이었을 때 뽑았을 것이다. 내 실력이 눈에 안 찼던 학교라면 들어가서도 내가 설 자리가 없을 것이 분명했다. 그렇다면 이제 한 곳이 남았다. 그 학교 축구부는 창단한 지 얼마 되지 않은 신생팀이었다. 그렇다면 승부를 걸어볼 만했다.

'이제 막 창단된 팀이라면 내가 하기에 따라서 주전선수로도 뛸 수 있지 않을까?'

나는 그런 기대로 드디어 학교를 선택했다. 그곳이 바로 선문대학교이다.

지금 생각해 보면 그때 나는 당돌했다. 그 무엇보다 축구를 향한 열정이 더 컸다. 정말 축구를 할 수만 있다면 무엇이든 할 수 있다는 마음뿐이었다. 결과는 알 수 없지만 일단은 부딪쳐보기로 했다. 자신이 처한 상황만 탓하면 절대 아무것도 바뀌지 않는다. 이미 벌어진 일을 두고 이러쿵저러쿵 말하고 싶지도 않았고, 그 상황에 매몰되어 시간을 낭비하고 싶지도 않았다. 축구가 너무나 절실하니 용기와 저돌성으로 무장이 되었다. 내가 꼭 하고 싶은 일, 정말 좋아하는 일, 인생에서 모든 것을 걸고 싶은 일이 있다면 누가 가르쳐주지 않아도 절실해지기 마련이니까.

그렇게 나는 등교 첫날, 용기 있게 곧바로 선문대학교 축구부 감독님을 찾아갔다.

"감독님, 축구부에서 뛰고 싶습니다!"

생판 처음 보는 신입생이 다짜고짜 찾아와서 이렇게 당돌하게 구니 감독님도 조금 놀란 눈치였다. '뭐 이런 놈이 있나.' 하는 눈빛이었다. 당연한 반응이었다. 특기생으로 선수를 꽉 채워 뽑아놓았는데, 웬 신입생이 무작정 찾아와서 축구부에 들어오고 싶다니 어이없을 법도 했다. 나는 감독님께 내 사정을 솔직히 말씀드렸다. 그리고 나서 진심을 담아 부탁했다.

"감독님, 축구가 정말 너무 하고 싶습니다. 뽑아만 주신다면 진짜 최선을 다해 뛰겠습니다. 팀에 피해가 가지 않도록 할게요."

나의 진심이 통했던 걸까? 한참을 고민하시던 감독님은 고개를 끄덕이며 말했다.

"좋다. 어디 한번 해보자. 내일부터 훈련에 참석해."

나는 고개가 땅에 닿도록 감사 인사를 했다. 일단 부딪쳐보자는 저돌성이 내게 기회를 만들어준 순간이었다. 사람들은 기회를 스스로 만드는 것에 주저할 때가 많다. 특히 누군가에게 부탁이나 아쉬운 소리를 해야 하는 상황이라면 더 그렇다. 잘 안되면 자존심만 상할 거라고 지레 겁먹고 불안해하기도 한다. 하지만 해보지 않으면, 가보지 않으면 알 수 없는 게 인생이다. 절실하다면, 꼭 하고 싶은 일이 있다면 부딪치고 매달려봐야 하지 않을까? 진짜 멋진 자존감은 자기의 감정과 상황에 솔직하고, 어려울 땐 도움을 요청할 줄 아는 자신감에서 오는 것이다. 그런 말도 있지 않은가. '자존심이 밥 먹여주냐고.' 일단은 부딪쳐보는 것이다. 안 되면 그때 포기해도 늦지 않다.

그러니 내가 죽을 때까지 하고 싶은 일, 내가 잘할 수 있는 일, 자신 있는 일을 찾는 게 최우선이다. 스스로 '나는 왜 이렇게 소심하고 용기가 부족할까?'라는 생각이 든다면 그건 내가 절실하게 이루고 싶은 것이 없기 때문일 거다. 그러니 그 하나뿐인 나의 일, 내가 미치도록 하고 싶은 일이 무엇인지 스스로 아는 것에서 시작하자. 나는 그게 학과 공부보다 더 중요하다고 생각한다. 그래서 내 아이들에게도 항상 이렇게 말한다.

"너희들이 정말 하고 싶은 일을 찾아. 고등학교를 졸업하기 전까지 그걸 찾아봐. 그게 젤 중요하거든. 그 일을 찾을 때까지 아빠가 지원해 줄게."

어쨌든 나는 축구를 놓고 싶지 않다는 간절함, 다시 한번 그라운드에서 뛰고 싶다는 열망으로 약간 수상한 축구부 팀원이 되었다. 그것만으로도 뛸 듯이 기뻤다. 자격이야 아무려면 어떤가. 축구공만 찰 수 있다면 그 밖에는 아무것도 중요하지 않았다.

끝까지 절실하게
매달려봤다면

"야, 이 새끼야! 니가 왜 일등으로 들어와? 여기 선배들 안 보여?"

인생의 한고비를 넘어 기회를 얻었다고 생각한 것도 잠시였다. 축구에 대한 간절함과 열망으로 축구부에 들어갔지만 나를 기다리고 있는 건 선배들의 시기와 견제였다.

"그럼 달리기 시합인데 일부러 늦게 뜁니까?"

사실 억울했다. '나도 여기까지 그냥 온 게 아닌데….' 하는 서러운 마음도 있었다. 하지만 선배들은 냉정했다.

"야, 너는 개구멍으로 들어온 놈 아냐. 여긴 다 특기생으로 뽑혀서 들어온 사람들이야. 근데 니가 왜 나대! 너 우리가 그렇게 우습게 보여?"

사실 축구부에 입성하는 것만 생각했지 이런 난관에 부딪힐 줄은 몰랐다. 그런데 생각해 보니 선배들에게는 내가 소위 감독님 특혜로 들어온 사람이니까 눈엣가시로 보이겠구나 싶었다. 그래도 억울한 건 억울한 거였다. 나도 운이 조금만 좋았더라면 당신과 같은 위치에서 훈련받고 경기에 참여할 수 있었을 텐데, 단지 결과만으로 이렇게 경우 없는 사람처럼 여겨지는 게 분하기도 했다. 내가 어떤 노력을 했고, 어떤 과정을 거쳐 여기에 와 있는지 다 설명해 주고 싶었지만, 그들이 내 얘기에 관심을 보일 리 없었다.

"알아서 빠져라. 알겠냐?"

선배들의 견제와 압력은 꽤장히 노골적이었다. 창단된 지 얼마 되지 않은 축구부라 주전 경쟁이 심했고, 그 경쟁에 나는 끼어들 수가 없었다. 나만 열심히 하면 신생 축구팀에서 주전 선수도 되고, 팀도 우승으로 이끌 수 있다고 믿었던 건 너무 순진한 생각이었다. 아무리 열심히 해도 소기의 성과를 올리지 못하니 감독님 눈에 띌 수가 없었다. 고등학교 축구선수 출신에 당돌하기까지 한 내게 은근히 기대하던 감독님도 점점 실망하는 눈치였다.

감독님에게도, 선배들에게도 인정받지 못하면서 하릴없이 시간이 흘렀다. 이대로 시간을 보내는 게 무슨 의미가 있을까 싶었다. 그때 나는 정말 긴 시간 동안 여러 가지로 고민했었다.

'축구선수라는 끈을 놓지 못하고 이렇게 버티고만 있는 게 과연 나에게 도움이 될까?'

'나는 정말 무엇이 되고 싶어서 이러고 있는 걸까?'

'나는 축구선수로서 어떤 미래를 꿈꾸고 있는 걸까?'

내 인생에서 가장 오랜 시간 나 자신에 대해 생각한 시기였다. 주위로 눈 한번 돌리지 않고 축구만을 바라보며 달려온 나를 좀 더 냉정하게 볼 필요가 있다고 생각했다. 한참을 고민하다 보니 내가 축구선수라는 타이틀을 놓지 못하는 건 어쩌면 어렸을 때부터 해오던 관성 때문일지도 모른다는 생각이 들었다. 처음으로 해본 생각이었다. 너무나 명징한 목표였는데 한번 다른 생각이 들자 좀 더 차분하게 고민하게 되었다.

'이것밖에 할 줄 아는 게 없다는 익숙함 때문에 그 꿈을 접지 못하는 건 아닐까?'

'그 익숙함을 내 실력이고 꿈이라고 생각하는 건 아닐까?'

고민은 계속되었고, '내가 정말 축구선수로서 가능성이 있을까?'라는 근본적인 질문에 이르렀다.

'대학을 졸업하고 실업팀에 들어가 내 오랜 꿈인 국가대표

에 뽑힐 수 있을 만한 실력일까?'

'아니, 국가대표는 고사하고 실업팀에 들어갈 수 있을 정도의 실력은 있는 걸까?'

나는 뼈를 깎는 심정으로 나 자신을 더 객관적이고 냉철하게 평가해 보았다. 자신 있게 '그렇다.'라고 말하기 어려웠다. 내가 정말 그렇게 뛰어난 선수였다면 고등학교 때 이미 두각을 나타냈을 것이다. 하지만 나는 그 정도의 재능을 가진 선수는 아니었다. 경주마처럼 앞만 보고 달릴 때는 인정할 수 없었던 내 한계를 처음으로 목도한 순간이었다.

사실 나는 늘 할 수 있다고 믿으며 누구에게도 부끄럽지 않을 만큼 아니 오히려 자랑할 수 있을 정도로 열심히 했지만 한계를 느꼈었다. 어느 순간부터는 더 이상 실력이 늘지 않는다는 느낌도 받았고, 항상 중간에 머물러 있다는 생각도 했던 터였다. 현실적인 것만 봐도 지금껏 내가 본 국가대표 선수들은 모두 경이로울 정도의 실력을 가진 사람들이었다. 그들은 노력은 기본이고 타고난 재능까지 남달랐다. 노력이야 나도 어디 내놔도 뒤지지 않는다고 자부하지만, 타고난 재능은 내 능력이나 노력 밖의 영역이었다. 나는 다시 고민했다.

'내가 지금보다 더 노력하면 그 재능까지 뛰어넘을 수 있을까?'

하지만 결론은 '아니다.'였다. 운동선수에게 끈기와 노력은 기본적인 거다. 나는 그저 그 기본적인 것을 더 열심히 잘해 온 것이고, 탁월함을 만드는 그 한 방이 없는 선수라는 건 부정할 수 없었다. 나는 정말 축구를 좋아하지만 좋아하는 것과 잘하는 것은 분명히 다르다. 그리고 나는 그 무수한 축구선수 중 극소수 몇 명만 오를 수 있는 국가대표가 될 수 있을 만큼 축구를 잘하진 못했다. 나는 그렇게 뼈아픈 진실을 마침내 마주하고 말았다. 이젠 내가 선택해야 할 순간이었다. 한계가 분명한 일을 붙잡고 매달려봐야 시간만 아까울 뿐이다. 그럼에도 그만두는 데에는 더 큰 용기가 필요했다. 몇 날 며칠 더 고민한 끝에 나는 감독님을 다시 찾아갔다.

"감독님, 축구부 그만두겠습니다."

감독님은 내 말에 가타부타 말이 없었다. 계속 지켜보니 주전으로 써먹을 선수는 아닌 것 같고, 데리고 있어 봐야 특혜다 뭐다 이런저런 말만 생길 것 같으니 감독님도 내 결정을 말리지 않았다. 그렇게 허무하게 내 두 번째 선수 도전은 막을 내렸다. 그리고 그것을 끝으로 축구와 이별했다. 초중고 시절에는 누가 그만두라고 할까 봐 겁먹던 축구였는데, 막상 스스로 결정을 내리고 떠나오니 속이 시원했다. 조금 허탈하기는 했지만 생각보다 마음이 아프진 않았다. 내 실력에 대해 스스로 냉정하게 평가한 뒤 내린 결론이니 미련이 없었다. 무엇보다 나는 할 만큼 했다. 어디에 내놔도 부끄럽지 않을 만큼, 죽기 살기로, 이 악물고 나는 정말 최선을 다했다. 후회가 남지 않을 정도로 할 만큼 했기에, 무릎뼈가 부서질 정도로 연습을 하고 자는 시간까지 쪼개가며 훈련했던 지난날들이 있었기에 할 수 있었던 결정이었다.

'그래, 이만큼 했으면 됐어. 여기서 그만하자. 미래가 보장되지 않는 일에 내 청춘을 저당 잡히고 싶진 않아.'

그렇게 나는 축구와 애틋하게 마지막을 고했다.

세상에서 가장 힘든 것 중 하나가 자기 자신을 객관적으로 보는 눈을 갖는 것이다. 자기 자신을 지나치게 비하하는 사람이 있는가 하면, 지나치게 좋게 보는 사람도 있다. 두 경우 모두 그 사람 인생에 아무런 도움이 안 된다. 나도 한때는 기대주였던 적이 있다. 고등학교 때는 늘 베스트11에 뽑혀 경기에서 활약했다. 게다가 나는 축구를 너무 사랑했고, 그만큼 노력도 했다. 그러니 냉정한 판단을 못 할 수도 있었다. 하지만 나는 목표의 최종 지점에서 번번이 미끄러지면서 나 자신을 돌아볼 수 있었다. 그때 내가 그런 고민을 할 계기가 있었던 게 어쩌면 다행이었는지도 모르겠다.

살면서 우리는 늘 선택의 기로에 선다. 무엇을 선택하든 미런이 없을 만큼 해보았다면, 절실하게 매달려봤다면 그땐 좀 더 현명한 판단을 할 수 있게 될 것이다. 만약 내가 모든 것을 쏟아부었는데도 결과를 얻지 못한다면, 정말 죽어라 노력해 보고, 또 노력해 봤는데도 길이 열리지 않는다면 그땐 뒤돌아서는 것도 용기이다. 단, 스스로의 노력에 너무 후한 점수를 주는 건 금물이다.

집착의 힘

'하기 싫은 마음은 무엇일까? 재밌다는 마음은 무엇일까?' 젊은 친구들을 만나면서 든 생각이다.

"하기 싫은 일은 죽어도 못해요. 몸이 움직이지 않아요. 재미가 있어야 해요."

맞는 말이다. 나도 축구가 재미없었다면 축구를 내 꿈의 방향으로 정하지 못했을 것이다.

지쳐 쓰러질 때까지 운동장을 뛰어도 태극마크를 달고 싶은 목표가 있었고, 골을 넣었을 때의 짜릿함, 그리고 심판으로서 선수들과 경기장을 뛰는 희열이, 나에게 땀보다 더 소중한 성취감을 안겨주었다.

내 삶의 중심은 축구였다. 축구하는 삶을 살기 위해 환경공무관 일도 충실히 하고 가족들 부양에도 책임감을 갖는다. 축구 인생으로만 어느덧 34년이다. 내 꿈은 대학 4학년 때까지만 유지되면 끝나는 것이 아니라 30년, 40년짜리 프로젝트였다는 걸 이제야 비로소 깨닫는다. 앞으로도 계속될 나의 꿈과 도전이다.

꿈이 없다고 조급해하지 마라. 100미터 달리기가 아니라 40년짜리 오래 달리기이니까. 속도보다 방향을 잘 잡고, 오늘도 내일도 내 꿈에 간절하게 매달리고 집착하라!

4장 선택의 힘

해야 할 일과
하고 싶은 일

내 삶의 중심은
언제나 축구

축구선수를 그만두었다고 해도 여전히 내 인생은 그야말로 축구로 시작해 축구로 이어지고 있다고 해도 과언이 아니다. 나는 지금도 그라운드에서 뛰고 있지 않은가! 나는 언제나 축구와 관련된 일이라면 무엇이든 할 수 있다고 생각했다. 그런 내가 심판으로 뛸 수 있게 된 것은 필연이었는지도 모른다.

축구부를 그만둔 나는 무조건 졸업해서 학사장교가 되는 것을 목표로 삼았고, 그래서 대학 졸업을 우선순위에 두었다. 체대는 졸업을 하려면 논문을 쓰거나 자격증을 취득하면 되는데, 자격증마다 주는 점수를 합산하여 300점을 넘으면 된다고 했다.

'자격증을 따면 졸업을 할 수 있다고?'

새로운 정보에 나는 황금알을 발견한 기분이었다. 우선은 논문을 쓰는 것보다는 자격증을 따는 편이 나에게 훨씬 잘 맞을 것 같았다. 그렇다면 무슨 자격증을 따야 할까? 알아보니 생활체육지도자나 경기지도자 국가자격증은 100점, 심판 자격증이나 스포츠마사지 자격증은 25점으로 환산되었다. 리포트나 시험에 자신이 없기도 했지만, 자격증을 따두면 사회에 나가서도 분명 내게 도움이 될 것이었다.

그날 이후 나는 각종 자격증 취득을 위해 내달렸다. 제일 먼저 딴 자격증은 생활체육지도자(테니스) 3급이었다. 뒤이어 스포츠마사지 자격증도 땄다. 그런데 나는 무엇보다 대한축구협회에서 주는 3급 축구심판 자격증을 따고 싶었다. 축구심판 자격증을 따면 그라운드에서 선수들과 함께 뛰는 심판이 될 수 있기 때문이었다. 내가 축구와의 끈을 놓지 않을 수 있는 길이기도 했다. 축구는 내 전문 분야이니 자격증을 취득하는 데에는 자신이 있었다. 게다가 내가 잘할 수 있고, 좋아하는 일을 하면서 돈도 벌 수 있는 일석이조의 꿈 같은 아르바이트가 될 터였다.

그렇게 나는 축구심판 자격증에 도전하기로 마음먹고 내

성향대로 직진했다. 곧바로 심판 자격증을 따기 위한 공부를 시작했고, 2001년 6월, 광희중학교에서 경기 규칙에 관한 필기시험과 체력 테스트를 봤다. 예상대로 합격이었다. 그리고 일주일간의 연수를 거쳐 드디어 아마추어 축구 경기의 심판을 볼 수 있는 축구심판 자격증을 취득했다. 10여 년간 그라운드에서 선수로 뛰던 내가 심판으로 다시 그라운드에서 뛸 수 있는 자격을 갖게 된 것이다. 그리고 곧바로 경기 심판을 보기 시작했다. 학기 중에는 할 수 없으니 방학 중에만 심판을 봤는데, 서울이든 지방이든, 초중등 경기를 가리지 않고 심판을 봤다. 그라운드에서 뛸 수 있다는 것만으로도 좋았지만, 무엇보다 나는 계속해서 심판을 보면서 상급 심판으로 승급하고자 했다. 1급 심판이 되어야만 프로리그에서 심판으로 뛸 수 있으니까.

축구심판 자격증은 5급 심판부터 국제심판까지 나뉘는데, 급수별로 출전이 가능한 경기가 구분된다. 3급 심판은 전문축구 중등부까지 주심, 고등부는 부심을 볼 수 있다. 2급은 전문축구 고등부까지 주심을 볼 수 있는데 2급으로 승급하려면 3급으로 2년 이상, 30경기 이상 심판을 봐야 하고 체력 테스트도 통과해야 한다. 그리고 1급으로 승급해야 K리그에서 심판을 볼 수 있다. 1급으로 승급하려면 마찬가지로 2년 이내 총

30경기 이상 심판을 봐야 하고, 중고등부 전국대회의 심판을 봐야 하는 등의 조건을 충족해야 한다. 체력 테스트도 물론 통과해야 하고. 나는 그렇게 차근차근 승급했고, 마침내 프로리그에서 심판으로 뛸 수 있는 1급 자격증까지 취득했다.

나는 축구심판으로 뛰는 것이 좋다. 요즘은 아마추어팀에도 좋은 선수들이 많고, 특히 축구교실에 다니는 어린이도 많아서 나이에 비해 기술이 좋은 친구들도 많다. 초중고 축구 경기의 심판을 볼 때면 옛 생각도 많이 나서 꿈꾸는 아이들을 위해 조언도 많이 해주곤 했다.

그렇게 나는 아마추어리그에서 12년간 심판으로 활동했다. 그 기간은 축구선수가 아닌 심판으로서 나를 다시 세우는 담금질의 시간이었다. 축구에 관해선 누구보다 전문가라고 생각했지만, 심판으로서는 더 배울 것들이 많았다. 그것들을 하나하나 배운 시간이었고, 성장하는 시간이었다.

한 경기, 한 경기마다 새롭게 배우고, 성장한 시간. 절대로 시간을 허비하지 않고, 내가 원하는 길을 가기 위해서 나를 단련한 그런 날들이었다. 고백건대 축구선수로 뛰었을 때만큼 더 많이 나를 훈련하며 억척스럽게 버텨낸 시간이었다.

심판은
신이 버린 직업?

축구선수로 경기를 뛰던 입장에서 경기를 판단하는 입장이 되니 기분이 남달랐다. 심판은 선수들보다 더 냉철하고 이성적으로 경기를 운영해야 한다. 경기의 흐름을 잘 읽어야 하고, 그 경기 전체를 지배할 수 있어야 한다. 마음대로 경기를 좌지우지해야 한다는 뜻이 아니라 경기를 한눈에 보고, 흐름을 읽을 수 있어야 한다는 뜻이다. 그래야 심판을 잘 볼 수 있다. 무엇보다 누구의 편도 아닌 공정함을 유지하는 게 심판에게 필요한 가장 중요한 덕목이기에 감정을 배제하고 철저히 객관적인 시선으로 경기를 볼 수 있어야 한다.

하지만 심판도 사람이니 감정이 올라오는 경우가 있다. 유독 반칙을 많이 하는 선수도 있고, 심판의 신경을 건드리는 선수도 있다. 하지만 그런 감정적인 공격에 말려들면 안 될 뿐 아니라, 누가 보더라도 납득이 되는 명확한 기준을 지켜야 하기 때문에 선수들보다 축구를 더 잘 알아야 한다.

축구심판은 그만큼 전문적인 일이다. 경기의 일부이고, 또 경기에서 매우 중요한 역할을 한다. 하지만 이 일은 직업적으로 볼 땐 불안정한 것이 사실이다. 프로리그의 심판이 아닌 이상 보수가 적기 때문에 프로리그, 그중에서도 K1 심판이 아닌 한 축구심판만 해서는 먹고살기가 쉽지 않다. 그렇기에 심판만 직업으로 가지고 있는 이들은 거의 없고, 관련 분야에서 일하며 겸직하거나 심판 일을 부업으로 하는 경우가 많다. 축구심판의 저변이 넓지 않은 것도 이 때문이다.

나 역시 아마추어리그인 초중고등학교 경기의 심판을 할 때는 차비 등 경비를 제하면 남는 것이 별로 없었다. 그러니 그냥 심판 보는 일정이 잡히기만 기다릴 수는 없었다. 그래서 아르바이트도 하고, 직장도 다녔다. 그럼에도 축구심판으로 활동하는 것은 언제나 내 생활의 중심이었다.

그런데 축구심판에게는 경제적인 문제 외에도 다른 어려움이 있다. 그건 바로 쏟아지는 비난의 화살을 감수해야 한다는 것이다. 처음 심판으로 축구장에 섰을 때의 기억은 지금도 생생하다. 벅차기도 했고, 긴장도 했지만, 그보다 너무 욕을 먹어서 정신이 어질어질했다. 나도 선수로 뛸 때 심판에게 불만을 품고 욕도 좀 했지만 직접 욕을 먹는 당사자가 되니 생각보다 충격이 훨씬 더 컸다.

'내가 어렸을 때 심판에게 했던 욕을 그대로 돌려받나 보네.'

심판으로 설 때마다 이런 생각을 하면서 정신수련을 해야만 했을 정도이다.

축구심판이 욕을 먹는 건 사실 흔한 일이다. 축구는 어쨌든 승패가 갈리는 경기이기 때문에 누군가는 진다. 그리고 아무리 공정하고 정확하게 판정을 한다고 해도 패배한 팀과 그 팀을 응원하는 팬들은 심판에게 악감정을 갖는 일이 종종 있다.

한번은 이런 일도 있었다. 내가 김민재 선수 닮은꼴로 이름이 알려지기 시작했을 무렵, 관중으로 보이는 한 사람이 내게 사진을 찍자고 청했다. 그런데 그는 그날 경기에서 진 팀의 팬이었다. 그 순간 옆에 있던 사람이 버럭 화를 내며 말했다.

"야, 이 XX 심판 사인을 왜 받아? 재수 없게. 심판도 똑바로 못 보는 XX."

초중등 경기부터 심판으로 뛰어오면서 학부모들한테 욕먹고, 지도자한테 욕먹고, 선수한테도 욕을 먹었다. 관중은 말할

4장 선택의 힘

것도 없다. 축구팬이라면 아마 심판 욕 한번 안 해본 사람이 없을 것이다. 그것이 바로 심판의 숙명이다. 진짜 어려운 직업, 다시 생각해도 진짜 어려운 직업! 좋게 포장하면 그라운드의 포청천!

하지만 그렇게 욕을 먹어도 축구심판은 내겐 천직이다. 절대로 포기할 수 없는 그런 일. 선수들과 경기장을 뛸 때면 희열을 느끼고, 때로는 선수로 뛸 때보다 더 재밌기도 하다. 사실 선수 시절에는 한 번도 즐기면서 경기를 뛴 적이 없었다. 늘 어떻게 하면 더 잘할까, 어떻게 하면 경기에서 이길 수 있을까만 생각하면서 공을 찼다. 열정이었지만 그만큼의 부담과 긴장으로 가득 차 있었기에 즐기는 건 생각하기 어렵던 시절이었다. 축구는 내게 삶의 동아줄 같은 것이었으니까. 하지만 심판은 달랐다. 오직 살아보겠다는 일념으로 버텨왔던 내게 축구심판은 그런 독기를 모두 내려놓고 그야말로 즐겁게 몰입할 수 있는 일이다. 심판 일정이 잡히면 기분이 좋고 가슴이 뛴다. 특별히 즐거움이라는 게 없는 삶을 살던 내게 그런 기분은 매우 소중한 것이다. 메마른 삶에서 휴식처이자 숨구멍이랄까? 그래, 여전히 나는 축구가 좋은 것이고, 축구장에 설 수 있는 것이 좋은 것이다.

다시 꿈을 꾸다,
K리그 심판이 되는 꿈을

아마추어 경기 심판 경력이 쌓이다 보니 내 안에서 조금씩 꿈이 자라기 시작했다. K리그 심판이 되어 프로리그 무대에 서고 싶다는 꿈이었다.

'나도 우리나라 최고의 무대에서 한번 뛰어보고 싶다. 선수로서 하지 못한 걸 심판으로 이뤄보고 싶어.'

선수로서는 최고의 무대에 서보지 못했지만, 심판으로는 최고의 선수들과 함께 경기장을 뛰고 싶었다. 물론 경기의 주인공은 선수들이다. 선수들의 경기력에 따라 그 경기의 수준과 재미가 올라간다. 하지만 이야기한 것처럼 심판 또한 경기에 있어서 엄청나게 중요한 역할을 한다. 심판이 어떻게 경기를 주관하고 판단하느냐에 따라 그 경기가 공정한 경기가 되느냐, 아니면 편파적인 경기가 되느냐가 판가름 난다. 선수들이 흘린 그동안의 땀이 보상받느냐, 헛수고가 되느냐도 심판에게 달렸다.

그만큼 심판은 막중한 책임감을 가져야 하는 일이고, 누구보다 프로페셔널해야 하는 일이다. 그리고 프로의 세계에서 살아남기 위해 반드시 해야 할 일, 즉 철저한 자기관리가 필수인 직업이다.

축구심판에게 필요한 자기관리 중 가장 중요한 것은 바로 체력 관리이다. 심판은 선수만큼 체력이 좋아야 한다. 아니, 어쩌면 선수보다 더 좋아야 할지도 모른다. 생각해 보라. 심판이 선수보다 잘 뛰지 못한다면 제대로 판정을 내릴 수 있을까? 전후반 45분씩 선수와 똑같이 뛰어야 하기에 운동을 게을리해서는 안 되고, 체력을 떨어뜨리는 술이나 담배도 자제해야 한다. 다음으로 경기를 더 기민하게 운용하기 위한 감각을 계속 키워야 한다. 내가 심판을 본 경기를 다시 모니터해보는 것은 기본이고, 자신이 심판을 보지 않은 경기도 모니터하면서 여러 경우의 수를 계속 습득해야 한다. 마지막으로 멘탈 관리도 필수적이다. 말한 것처럼 심판에게는 항상 평가와 비판이 따라다니기 때문에 그런 것에 흔들리지 않는 강한 멘탈을 유지하기 위해 노력해야 한다.

나 역시 이런 자기관리를 꾸준하게 해오고 있다. 하루도 빠짐없이 하루 10킬로미터 이상 달렸다. 경험을 쌓는 일에 주저하지 않았고, 심판 일정이 잡히면 거리에 상관없이 지방이든 어디든 달려갔으며, 선수들의 움직임 하나까지 놓치지 않으려고 운동장을 구석구석 누볐다. 나는 심판으로서 더 잘 해내고 싶었기 때문에 항상 철두철미하게 자기관리를 하면서 착실하게 경력을 쌓았다.

그렇게 10년쯤 축구심판으로 활동했을 무렵이었다. 주변에서 나에게 계속 바람을 넣기 시작했다.

"더 나이 먹기 전에 국제심판에 한번 도전해 봐. 심판으로서 갈 수 있는 최고의 자리잖아."

"에이, 저 영어 못해서 안 돼요."

"정동식답지 않게 무슨 소리야. 되든 안 되든 일단 덤벼보는 거지."

'국제심판이라고?' 주변에서 계속해서 그런 권유를 하니 귀가 솔깃했다. 사실 나는 국제심판이 되겠다는 생각을 한 적이 없었다. 국제심판이 되기 위해선 기본적으로 영어를 유창하게 할 수 있어야 한다. 하지만 나는 영어 공부를 제대로 해본 적도 없고, 워낙 공부와는 일찌감치 담을 쌓고 살아왔기 때문에 아예 고려조차 해보지 않았던 것이다. 그런데도 그런 이야기를 계속 듣다 보니 정말 밑져야 본전 아닐까 싶었다. 아무것도 하지 않으면 제로이지만 도전해 보면 경험이 되지 않을까 싶은 마음도 있었다.

'그래, 시험이나 한번 봐보자!'

나는 또 한 번 직진하며 국제심판 자격 시험에 응시했다. 결과는 당연히 불합격. 영어도 잘하지 못하는데 어떻게 국제심판이 될 수 있겠는가. 그런데 그 당연한 결과를 받아들고서도 왠지 오기가 생겼다. 그래서 또 한 번 응시했다. 이번에도 불합격. 두 번째 떨어지고 나니 부끄럽고 창피한 마음도 없어졌다.

'이렇게 된 거 내 얼굴이나 제대로 알리자.'

배짱 좋게 세 번째로 응시했다. 결과는 다들 예상하는 대로 당연히 불합격. 경험을 쌓고, 어쩌면 새로운 기회가 열릴지도 모르겠다는 기대로 한 일이었지만 그렇게 세 번을 떨어진 다음 나는 세상을 사는 데 필요한 지혜 하나를 다시 한번 깨달았다.

'세상엔 절대 공짜가 없다.'

사실 내가 정말 국제심판이 되고 싶었다면 객기나 오기가 아닌 노력으로 승부수를 띄웠을 것이다. 최소한 기초 영어라도 달달 외우거나, 영어 학원에 등록이라도 했을 터이다. 그런데 나는 왜 국제심판 자격시험에 응시했을까. 돌아보니 첫 번째 응시 때는 어떤 시험인지 궁금했던 것이었고, 두 번째는 왠지 해보고 싶은 마음에 나름대로 준비했지만 그 준비가 많이 부족했던 거였다. 그런데 마지막으로 시험에 응시할 때는 내 마음이 조금 달라져 있었다. 그건 프로리그 심판으로 나아가고자 하는 마음이 생겼던 거다. 그렇게 얼굴을 조금이라도 알릴 수 있으면 좋겠다 싶었다. 사실 운이 좋아 국제심판이 된다고 해도 내 실력이 아니기 때문에 오래갈 수 없다는 걸 알고 있었다. 그냥 얻어지는 열매는 없으니까.

그런데 때론 이런 무모한 도전이 행운이 되어 돌아오기도 한다. 나중에 들은 얘기지만 영어도 못하는 내가 세 번이나 국제심판 자격 시험에 응시하니 원서를 검토하는 대한축구협회 관계자들의 눈에 띄었다고 한다. 당시 관계자분들끼리 이런 얘기를 나눴다고 한다.

"영어도 못하고 매번 떨어지는데도 계속 응시를 하네요. 하하."

"뚝심 있어요. 경력도 좋고 성실하다는 평판도 있고…."

"이런 근성이라면 K리그 심판으로도 괜찮을 것 같네요."

그래서 아무리 무모해 보이는 도전이라도 일단 해봐야 뭐라도 될 수 있다는 것이다. 나는 비록 국제심판은 되지 못했지만 용기 있는 두드림 덕분에 2013년, 마침내 K리그 심판이 되었다. 목표한 곳까지 올라가는 데 10년이 걸린 셈이다. 하지만 그 시간이 지루하거나 힘들진 않았다. 그렇게 내공을 쌓아야 정말 훌륭한, 누구에게나 인정받는 심판이 될 수 있다고 생각했기 때문이다.

프로리그의 주심으로 처음 선 그날, 관중들의 함성, 선수들의 투지에 찬 눈빛을 보니 온몸에 전기가 통하는 것처럼 짜릿했다. 아마추어 경기 심판 때와는 또 다른 환희였다.

'그래, 내 축구 인생은 지금부터 다시 시작이다! 선수가 아니어도 괜찮아. 나는 여전히 필드에 있으니까!'

흔히들 말한다. 아무것도 하지 않으면 아무것도 되지 않는다고. 하지만 그 말을 안다고 해도 우리는 늘 주저하는 마음을 갖고는 한다. 그럴 땐 기억하자. 시도해 보지 않고선 어떤 미래가 펼쳐질지 모른다는 걸 말이다.

슈퍼매치 무대에 서다

K리그 경기 중 5만여 명의 팬을 몰고 다니는 빅매치가 있다. 일명 '슈퍼매치' 경기이다. FC서울과 수원삼성블루윙즈의 라이벌전을 통칭하는 명칭으로, 이 경기가 있는 날은 팬들의 환호와 응원 소리가 평소보다 몇 배나 크게 울려 퍼지며 온 경기장이 들썩인다.

아마추어 경기의 심판을 보던 시절에는 나도 저 무대에 심판으로 서보고 싶다고 간절하게 바랐다. 내게는 꿈의 무대 같은 것이었던 셈이다. 그래서 매일 그곳에 서는 상상을 하며 체력 훈련을 하곤 했다. 운동장을 수십 바퀴 돈 후 막 숨이 차오르고 너무 힘들 때면, 깜깜한 그라운드 가운데의 하프라인 동그란 데에 누워서 하늘을 봤다. 그리고 눈을 감고 주문을 외우듯 말했다.

"나는 지금 슈퍼매치 주심이야. 여기 5만여 명 관중 앞에서 내가 뛰고 있는 거야."

"K리그 최고의 무대에서 내가 주심으로 뛰고 있다."

나는 간절한 마음을 담아 매일 상상하고 상상했다. 그 덕분이었을까. 그토록 꿈에 그리던 무대에 서는 일이 현실로 일어났다.

K리그 심판 10년 차이던 2022년, 나는 마침내 FC서울과 수원삼성 간 슈퍼매치의 주심으로 배정되었다.

슈퍼매치 경기장에 처음 섰을 때 느꼈던 그 감동은 지금도 생생하다. 관중석을 꽉 채운 5만여 명의 관중들. 그들이 뿜어내는 열기와 선수들의 열정까지 내 온몸의 세포를 두드려 깨우는 듯했다. 아드레날린이 얼마나 뿜어져 나오는지 하늘로 용솟음칠 것 같았다. 그리고 그 환희만큼 긴장감도 최고조에 달했다.

이런 큰 경기에서 심판이 잘못 보면 큰일이니 긴장이 된 것이다. 만에 하나 실수하면 관중들에게 욕먹는 건 기본이고, 온갖 매체에서 난도질을 당할 것이었다. 거기에 그치지 않고 심판을 배정한 대한축구협회부터 심판위원장까지 엄청난 비난에 시달려야 한다. 무엇보다 오심은 경기 자체를 망쳐버릴 수도 있다. 그 힘든 훈련을 받고 이 경기 하나만 보고 달려온 선수들에게 가장 큰 피해가 돌아갈 수 있기에 더욱 긴장되었다.

'정신 차리자, 정동식. 긴장하지 마. 하던 대로, 더 잘하려고 하지도 말고 오버하지도 말고 평소처럼 하면 돼.'

그렇게 나는 실수하면 안 된다고 스스로를 몰아붙이기보다 지금까지 해왔던 것처럼 잘 해내면 된다고 스스로를 응원하고 마음을 다잡았다.

마치 전운이 감도는 것 같은 경기장 한복판, 드디어 경기 시작을 알리는 휘슬을 불었다. 휘슬 소리와 함께 관객들의 엄청난 함성 소리가 경기장을 가득 채웠다. 긴장했던 것만큼 짜릿한 순간이었다. 그렇게 시작된 경기는 어떻게 끝이 났는지 모를 정도로 순식간에 끝났다.

물론 경기를 마친 뒤 환희와 희열만큼 욕도 엄청나게 먹었다. 단순 계산만 해도 경기에서 진 팀의 팬이 2만 5,000명이다. 심판 판정에 불만이 있는 팬들로부터 거칠고 날카로운 욕설이 날아들었고, 블로그에도 악의적인 평판이 올라왔다. 난 피할 수 없는 일이라고 받아들였다. 심판을 잘 봤든 못 봤든 어쨌든 심판은 욕을 먹을 확률이 높으니까. 그래서 심판을 두고 '신이

　　　　　　　　　　　　4장 선택의 힘

버린 직업'이라고 한다는 것 아닌가.

나는 그런 평판에 흔들리지 않도록 마음을 다잡고, 다시 한 번 스스로를 격려했다.

'잊어버려, 정동식. 나 자신에게 떳떳하다면 됐어. 내가 이 일을 하는 한 욕먹는 건 평생을 안고 가야 해. 오늘 정말 수고 많았다. 고생했어, 정동식!'

진짜 경쟁 상대는
나 자신이다

축구심판은 해마다 평가를 통해 자신이 뛸 수 있는 리그가 결정된다. 올해 K1리그의 심판이었다고 해서 내년에도 K1리그에서 뛸 수 있는 보장이 없다는 뜻이다.

K리그 심판 자격을 얻어도 처음부터 K1리그에 설 수는 없다. 우선은 2부 리그라고 할 수 있는 K2에서 1년 동안 경기를 뛰고, 연말에 성적을 평가해서 K1으로 올릴지 말지를 결정한다. 나는 K리그로 올라간 지 2년 만에 K1리그 심판이 되었다. K1 무대에 서기 위해 나는 죽을 만큼 노력했다. 무엇보다 슈퍼매치 무대에 서겠다는 목표가 있었으니까.

K리그 심판은 경쟁이 심하다. K1에서 뛸 수 있는 심판은 12명밖에 되지 않기 때문에 그 자리에 서기 위해 모두가 치열한 경쟁을 한다. K1 심판이 되었다고 해도 심판 평가가 좋지 않고 자기관리를 하지 않아서 살이 찌거나 뛰는 걸 힘들어하면 강등된다. 그러니 K1 심판 자격을 유지하기 위해선 자기관리가 필수적이다.

최대한 오심 없이 공정하게 심판을 보는 실력도 당연하게 요구된다. 예전에는 심판의 결정이 절대 기준이었다. 그런데 5년 전부터 VAR[Video Assistant Referee](비디오 보조 심판의 줄임말로 현장에서 주심이 내린 판정이 오심이라는 우려가 있을 때 각종 카메라를 통해 송출되는 모든 경기 화면을 분석해 보고, 판정을 내리는 것을 말한다. 단, VAR은 득점, 퇴장, 페널티킥, 신원 오인 네 가지 상황에만 적용할 수 있다.)이 도입되면서 경기 중에 심판이 내린 결정이 잘못된 판단이라고 생각되면 VAR을 통해 수정할 수 있는 기회가 생겼다. 또한 경기 종료 후 심판위원회에서는 경기 영상을 확인하고 심판의 판정이 정확했는지 일일이 분석한다. 만약 오심이라는 판단이 서면 그 정도의 중요성에 따라 3~5 경기 출전 정지를 받는다.

심판도 사람이기 때문에 오심을 안 할 수는 없다. 선수가 반칙하는 순간을 보지 못할 수도 있고, 판단을 잘못할 수도 있다. 때문에 그런 오심을 하지 않도록 모니터링을 지속하면서 심판으로서의 감각을 계속 유지하는 것이 필요하다.

그런 노력 외에도 심판을 잘 보기 위해서는 경기 전에 각 팀의 경기를 분석해 보는 사전 준비가 필수적이다. 경기를 뛰는 팀이 어떤 스타일의 축구를 구사하는지, 어떻게 공격하고, 수비를 보는지 미리 파악해 두는 것이다. 이를 기반으로 경기의 흐름을 예측해 보고 시뮬레이션해 봐야 각 팀의 동선을 사전에 예상해 적재적소에 가 있을 수 있다. 그래야 반칙을 놓치지 않을 수 있기 때문이다.

사람들은 축구룰만 잘 알면 심판이 된다고 생각하지만 절대 그렇지 않다. 이처럼 전술 공부도 하고 각 팀을 낱낱이 분석해 놓아야 한다. 선수도, 감독도 계속 바뀌고, 선수들의 기량도 바뀌기 때문에 이 같은 사전 준비는 끊임없이 지속해야 한다. 아무것도 그냥 되는 건 없다. 실력을 갖추기 위해선 어느 순간에나 치열한 노력을 쏟아야만 한다.

그러다 보니 K2에서 K1으로 올라가지 못하는 심판들도 수두룩하다. K1으로 올라갔다가 다음 해에 K2로 떨어지는 심판들도 많다. 그 실패는 나 또한 비켜가지 않았다.

첫 번째 실패를 경험한 건 2015년도였다. K1리그에 올라왔다는 생각에 너무 안일했던 게 문제였다. 사실 심판들 간의 편

차가 그렇게 크진 않다. 아예 공부를 안 하는 심판이야 문제가 있지만, 그러면 K리그 자체에 올라올 수가 없기 때문에 경기의 심판을 보는 눈은 비슷하다고 봐야 한다. 그러다 보니 자기 관리 정도에 따라서 기량이 판가름 난다. 90분 내내 지치지 않고 선수들과 동등하게 뛸 수 있는가, 긴장감을 놓치지 않고 경기를 운영하는가 하는 외적인 문제 말이다. 살이 쪄서 필드를 뒤뚱거리며 뛰어다닌다거나 경기가 끝나기도 전에 헐떡거린다면 그건 심판으로서의 자격이 없는 것이다. 2년 만에 강등이 되고 나니 정신이 번쩍 들었다.

나는 무엇이 문제인지부터 파악했고, 다시 K1리그로 올라가기 위해 각성했다. 당시 내 몸무게는 95킬로그램. 누가 봐도 뚱뚱한 체격이었다. 그래서 80킬로그램대로 살을 빼겠다고 마음먹었다. 고강도의 운동과 식단 관리를 시작했다. 나 자신과의 혹독한 싸움이었다. 너무 힘들었지만 예전에 운동하던 때를 생각하면서 나 자신을 다잡았다. 안이해졌던 나 자신을 채찍질하는 심정으로. 그렇게 나는 석 달 만에 15킬로그램을 감량했다. 사람들도 한눈에 알아볼 수 있을 정도의 결과였다.

"정동식 엄청 열심히 했네. 저 정도면 인정이지."

물론 단순히 살을 뺐다고 K1으로 복귀된 것은 아니다. 체중을 감량하니 몸이 가벼워져서 더 잘 뛸 수 있었고, 가까운 위치, 좋은 위치에서 판정할 수 있어서 좋은 경기점수를 받은 덕분에 K1으로 다시 복귀할 수 있었다. 한 번 떨어져 보니 다시는 그런 일이 없어야겠다는 결의가 섰다. 하지만 그건 결의만으로 되는 일은 아니다. 수많은 변수가 있고, 예상치 못한 상황이 생긴다.

두 번째 실패는 2020년. 나는 아직도 2019년 12월 19일에 느꼈던 참담한 기분을 기억하고 있다. 그날 서울 동대문에 위치한 JW메리어트호텔에서 한 해를 마무리하는 2019 KFA 심판 콘퍼런스 행사가 열렸다. 200여 명의 대한축구협회 관계자들과 축구심판이 한자리에 모였다. 한 해를 마무리하며 서로의 노고를 치하하고, 2020년도 각 리그 심판을 발표하는 자리였다. 대한축구협회 심판위원회는 매년 리그(K1, K2, K3, K4)심판 명단을 발표한다. 2020년도 주심 파트 대상 인원은 K1 10명, K2 18명, K3 17명, K4 15명으로 총 60명이었다.

나도 다소 긴장된 마음으로 행사장에 도착했다. 서로 짧은 안부를 묻고 지정된 자리에 앉았다. 먼저 한 해 동안 고생한 심판들에게 상을 수여하고 축하하는 행사가 진행됐다. 즐거워야 마땅할 자리이지만 사실 그 자리에 앉아 있는 심판들은 그런 축하 행사를 즐길 마음의 여유가 없다. 오직 리그 심판 발표를 기다릴 뿐이다.

그해 나는 심판 활동을 무난하게 마쳤다고 판단했고, 2020년에도 K1 무대에서 계속 활동할 수 있을 거라고 생각했다. 하지만 다른 심판들도 좋은 활동을 보여줬기에 안심할 수는 없었다. 한참 행사가 진행된 후에 드디어 리그 심판 발표가 시작되었고, 스크린에 이름이 나열되었다.

나는 K1 주심 명단부터 주시했다. 내 이름을 찾았다. '없다!' 바짝 긴장한 채 다시 한번 10명의 이름을 찬찬히 살펴보았다. 하지만 아무리 봐도 내 이름은 없었다. 등골이 오싹해지면서 망치로 머리를 세게 맞은 것 같았다. 가슴이 방망이질 치기 시작했고, 눈앞이 어질어질했다.

'내가 그 정도로 형편없는 심판이었나? 왜 내 이름이 없지? 내가 올해 그 정도였나?'

별의별 생각이 다 들었다. 나는 K2 명단은 확인도 하지 않고 행사가 끝나기 전에 사람들의 눈을 피해 밖으로 나왔다. 나 자신이 한심하고 자존심이 상해 견딜 수가 없었다. '나 자신을 과대평가하고 안일하게 행동했구나!' 하는 자책도 밀려들었다. 참담한 심정으로 그냥 발길 닿는 대로 무작정 걸었다. 걷는 내내 나도 모르게 계속 눈물이 흘렀다.

'심판을 그만할까? 내가 그렇게 못하나? 최선을 다했다고 생각했는데 최선이 전부는 아닌 건가?'

그날 이후 며칠 동안 깊은 고민에 빠졌다. 자책하던 마음을 거두고, 이유를 찾기 위해 몰입했다. 절대 포기할 수 없으니 나는 다시 나를 단련해야 한다고 생각했다.

'왜 강등되었을까? 무엇이 문제일까?'

그렇게 나는 문제점을 찾고 실수를 반복하지 않기 위한 계획에 돌입했다. 경기 규칙을 다시 공부했고, 더 강인한 체력을 기르기 위해 달리고 또 달렸다.

'그래, 나는 다른 누군가와 경쟁하는 게 아니야. 나 자신과 싸워서 이겨야 해.'

그렇다. 누구를 원망하지도, 다른 사람을 라이벌로 여길 필요도 없다. 그저 나는 다시 K1리그 심판으로 올라가기 위해서 목표를 세웠고, 그 목표를 달성하기 위해 하루하루 최선을 다했다. 그 결과 2021년도에 다시 K1리그 심판으로 복귀할 수 있었다. 나 자신도 놀라울 정도로 감사하고 기쁜 일이었다. K리그 심판이 강등되었다가 다시 K1으로 복귀하기란 쉬운 일이 아니다. 해마다 조금씩 다르긴 하지만 기본적으로 배정된 인원이 12명에 불과한 만큼 경쟁이 치열하고, 실력이 출중한 심판들도 굉장히 많기 때문이다.

사람들은 어떤 일에 실패하거나 좌절했을 때 자신감을 잃고 자괴감에 빠지곤 한다. 하지만 지나친 자기 비하는 아무것도 해결해 주지 못한다. 그럴 때 필요한 건 자신을 긍정할 수 있도록 돌파구를 스스로 만드는 것이다. 내 경우는 내가 그간 무엇이 부족했는지를 철저하게 파악하고, 스스로 채우려고 노력한 것이 돌파구가 되었다.

물론 마음가짐도 중요하다. 내가 포기할 수 없는 일이라면 절대 포기하지 말자. 나 역시 오랫동안 꿈꾸던 일을 이 정도 시련으로 그만두는 건 나 자신이 용납할 수 없다는 마음이었다. '포기하지 않는 한 실패는 없다.'라는 말이 있듯이, 실패했어도 다시 도전한다면 그것은 실패가 아니다. 잘못된 방법을 한 가지 더 알아낸 것일 뿐이다.

2021년에 K1 심판으로 선발된 후, 나는 다시는 떨어지지 않겠다고 단단히 각오를 했다. 만약 또 떨어진다면 그때는 은퇴해야겠다는 각오로 하루하루 게으름을 부리지 않았다. 그 노력을 알아봐준 것인지 2022년도 '올해의 주심상'도 받았다. 축구심판이 된 지 22년 만에 처음으로 받는 상이었다. 너무나 의미가 깊은 상이고, 그간의 노력을 보상받은 것만 같아서 너무나 기뻤다.

인생은 참 재미있다. 절대 공짜로 얻을 수 있는 건 없다. 하는 만큼 얻는다. 얻는 게 있으면 주는 것도 있다. 성과를 거두기까지, 사람들에게 인정받기까지 얼마나 많은 시련이 다가올지 아무도 알 수 없다. 설령 인정을 받았다고 해도 시련은 또 다시 언제든 찾아올 수 있다. 그러니 우리가 할 수 있는 건 시련에 무너지지 않는 단단한 마음을 갖는 것이다. 그래서 나는 언제나 준비하는 마음으로 오늘도 운동을 한다. 나는 단련하면 할수록 강해지는 사람이니까.

자신을
밀어붙이는 힘

나는 스스로에게 혹독한 편이다. 나 자신에게 엄격한 것이 자기관리의 기본이라고 생각한다. 남에게는 관대하고 너그러워도 자신에게는 엄격한 기준을 적용해야 자신이 일하는 분야에서 성공한다. 물론 말처럼 쉬운 일은 아니다. 하지만 스스로 혹독하지 않으면 절대 한계를 뛰어넘을 수 없다. 오랫동안 운동을 하면서 경험으로 익힌 지혜이기도 하다.

운동을 하다 보면 처음 얼마 동안은 실력이 가파르게 는다. 그때의 쾌감은 이루 말할 수 없다. 그러나 그 시기가 지나면 길고 긴 정체기가 온다. 그때가 가장 힘들다. 예전보다 더 많이 뛰고 더 많이 훈련해도 항상 제자리인 것 같은 기분이 든다. 그 단계를 이겨내고 뛰어넘어야 한 단계 더 성장한다. 만약 그 단계를 견뎌내지 못하고 포기하거나 그쯤에서 만족한다면 도태되고 만다.

물론 포기하고 싶은 유혹은 언제나 찾아오고, 매 순간 시험에 빠지게 될 것이다. 나는 지금도 매일 10킬로미터 이상 달리는 것을 나 자신과의 약속으로 지키고 있다. 매일같이 하는 일이지만 6~7킬로미터쯤 달렸을 때쯤 언제나 고비가 찾아온다. 숨이 턱밑까지 차올라 금방이라도 죽을 것 같고, 땀은 폭포수처럼 쏟아지고 발바닥도 욱신거려서 별의별 생각이 다 든다.

'여기서 그만둘까? 오늘 6킬로미터나 뛰었는데 이 정도면 많이 뛴 거야.'

'어제 일을 너무 많이 해서 조금 피곤한데, 이만큼 뛰었으면 됐어.'

'어제 오랜만에 친구들이랑 술 한잔 했더니 몸이 말이 아니네. 어제도 뛰었으니 오늘은 그만 뛰자.'

단 몇 분 동안 이런저런 핑계가 다 떠오른다. 하지만 그럴 때 더 독하게 나 자신을 밀어붙인다.

'아니야! 여기서 멈추면 안 돼! 조금 힘들지만 목표량을 채우자. 나 자신과의 약속이야. 이것조차 지키지 못하는데 무슨

일을 할 수 있겠어.'

이렇게 철저하게 나를 밀어붙이는 이유는 자기 자신과 타협하는 순간, 내 계획은 물거품이 되기 때문이다. 자신과의 약속은 한 번 어기면 그다음에는 더 쉽게 어기게 된다. 결국 자기 자신과 타협해 버리고 말게 된다. 그리고 그 단계가 결국 자신의 한계가 된다.

그래서 멈추고 싶은 순간, 다시금 나를 북돋운다. 그렇게 악으로 깡으로 10킬로미터를 완주하면 무엇인가 해냈다는 성취감과 뿌듯함을 느낄 수 있다. 바로 이것이다. 이런 성취감은 조금씩 쌓여 자신을 더 단단하게 만들어주는 자신감과 자존감으로 돌아온다. 그리고 다음 단계로 나아갈 용기와 힘을 준다.

생각해 보라. 10킬로미터를 완주하지 못한 사람이 15킬로미터, 20킬로미터에 도전할 용기를 가질 수 있을까? 그렇지 않다. 시도할 생각조차 하지 못할 것이다. 그러니 한계라고 느낄 때 스스로 더 강인해지자. 자기 자신을 더 밀어붙이자. 그렇게 한 단계를 이루면, 다음 단계로 도전해 볼 수가 있다. 하나하나 미션을 완수하듯 자신을 밀어붙이다 보면 어느 순간 스스로를 자랑스러워할 수 있을 정도의 경지에 다다를 것이다.

하루는 자려고 하는데 우리 큰아들 현우가 와서 물었다.

"아빠, 근데 너무 힘들다고 느낄 때 그걸 이겨내야 돼?"

"너 왜 그런 얘기를 하는 거야?"

"아니 내가 정말 힘들었는데 그걸 이겨내면 그다음에는 그게 쉬워지는 거야?"

초등학교 6학년인 현우가 이렇게 물으니 당황스럽기도 했지만 아이에게 되물었다.

"너 어떻게 알았어?"

"그냥 생각해 보니까 힘들다고 그만하면 안 될 것 같고 이걸 하면 다음번에는 쉬워질 것 같아서⋯."

맞는 말이다. 극한의 극한까지 가봐야 한다. 그러면 그 다음번에는 그 극한이 너무 쉬워진다. 가봤기 때문에. 그때의 한계는 지금의 한계가 아닌 거다. 강연에 나갈 때마다 이 얘기를 꼭 해주고 싶다.

사실 요즘은 자신에게 주는 위안, 위로, 힐링을 많이 강조하는 것 같다. '그 정도면 됐어, 충분해.' 이렇게 자신에게, 자식들에게 말하라고들 한다. 하지만 나는 스스로가 이겨낸 그 마지막 순간에 자신을 칭찬해야 한다고 생각한다. 그렇지 않으면 성취감을 맛볼 수 없다.

물론 이건 개개인의 선택이다. 그런 성취감은 필요 없다고 한다면 할 말이 없다. 누군가에겐 하루하루 편안하게, 가볍게 사는 게 인생의 목표가 될 수도 있다. 그렇다면 그것도 그들의 선택이고 존중받아 마땅한 것이다.

하지만 꼭 이루고 싶은 목표와 꿈이 있다면 자신을 한계까지 밀어붙이는 뚝심과 에너지가 절대적으로 필요하다고 확신한다.

하고 싶은 일을 하려면
선택이 필요하다

이미 밝힌 것처럼 아마추어리그 심판은 경제적으로 정말 힘들다. 경기당 받는 심판비가 너무 적어서 심판을 주업으로 삼기에는 어려움이 많다. 한 달 내내 심판을 봐도 200만 원 벌기가 힘들다. 그래서 아마추어리그 심판 시절에는 수많은 아르바이트를 병행할 수밖에 없다.

심판의 꿈을 안고 이 세계에 들어온 사람들도 버티기 힘든 구조이다. 그러다 보니 실제로 중간에 그만두는 사람들이 많다. 지방 출장도 많은데 그만큼 돌아오는 게 없기 때문에 아예 다른 일을 찾게 되는 것이다. 요즘엔 아르바이트만 해도

200만 원을 벌 수 있는데 심판이 되겠다는 꿈 하나로 박봉과 사람들의 비난을 견딘다는 건 어려운 일이다. 그래서인지 심판 자격 시험에 응시하는 이들의 수도 해마다 줄고 있다.

"가끔은 내가 이 일을 왜 하나 싶어요. 다리에 쥐가 나도록 90분을 뛰어도 돌아오는 건 욕이거든요. 아무리 잘해도 욕먹어요. 원래 심판이란 게 그런 숙명을 갖고 있다는 건 알지만, 그래도 지칠 때가 있죠. 게다가 벌이도 시원치 않으니까요."

이런 말을 하는 동료나 후배들을 참 많이 봤다. 이런 구조가 실력 있는 심판 양성에 걸림돌이 된다. 좋은 심판이 든든하게 받쳐줘야 경기 수준도 올라가는데 안타까운 현실이다.

그나마 K리그 심판이 되면 일하는 환경과 보수는 많이 나아진다. K1이 그렇다는 것이고, K2 심판은 중소기업 신입 연봉 정도를 받는다. 그런데 내가 그런 어려움에도 심판을 포기하지 않았던 이유는 내 인생에서 축구를 버릴 수 없었기 때문이다.

더불어 나는 운이 좋아 유명세까지 얻었다. 사실 심판이 지금의 나처럼 유명해지기는 쉽지 않다. 김민재 선수의 닮은 꼴이라는 것, 내가 환경공무관으로 일하며 거리를 청소하는 축구심판이라는 점 덕분에 사람들의 관심을 더 많이 받다 보니 여러모로 신기한 경험을 하고 있다. 감사한 일이다. 하지만 모두가 이런 따뜻한 시선으로 나를 보는 건 아니다. '심판이 너무 나대는 거 아니야?', '정동식 많이 컸네?' 하는 차가운 시선도 분명히 있다. 그래서 나는 더 신중하게 행동하고, 자기관리에 철저해지려고 노력하고 있다.

하지만 절대 주눅 들거나 할 생각은 없다. 지금 내게 찾아온 행운 같은 관심과 인지도는 돈 주고도 절대 살 수 없는 것임을 안다. 그렇기에 이런 좋은 기회를 통해 뭔가 새로운 것을 만들어보고 싶다. 스타 선수 한 사람이 수많은 이들을 축구팬으로 인도하는 것처럼 스타 심판이 나오면 축구팬들이 더 많아질 수 있지 않을까 하는 기대도 가져본다. 사실 지금껏 심판은 존재감이 없어야 잘했다는 소리를 들었다. 공정한 판정을 하면서도 팬들이 보는 데 방해가 되지 않도록 물 흐르듯 경기를 운영하는 게 역할이기에 때론 '투명 인간 같아야 하는 직업'이기 때문이다. 선수들과 팬들이 주연이라면 심판은 조연이 맞다. 하지만 그라운드에서 공정함을 잃지 않고, 제 할 일을 제대로 해내고, 거기에 더해 유명하다면 그라운드 밖에서도 멋진 일들을 해낼 수 있지 않을까?

그래서 나는 지금 내게 찾아온 이 놀라운 일들을 통해 더 많은 것들을 해내고자 노력하고 있다. 스타 심판이 되고 싶다는 건 거창하게 들릴지 몰라도 누구보다 축구를 사랑하는 한 사람으로 축구계의 발전에 조금이나마 일조하고 싶다는 바람이 담긴 것이다. 이것 역시 나의 선택이다. 내가 원하는 것이 분명하니 나는 그것에 집중하고 있는 것이다. 그래서 SNS도 열심히 하면서 소통하려고 노력하고 있다. 심판으로서 심판을 향한 욕설과 악플을 조금이라도 줄이는 데 이바지하고 싶다. 심판들은 누구보다 많이 노력하고 있으며, 우리가 바라는 건 단지 존중이라는 걸 알리고, 축구팬들과 축구를 사랑하는 마음을 함께 나눌 수 있게 되길 바란다. 또 심판이 되고자 하는 이들에게는 롤모델이 되어, 심판이 좋은 직업이고, 배워볼 만한 일이라는 걸 알리고 싶다.

50대가 되어 은퇴한다면 후배들을 위해서, 또 축구의 발전을 위해서 후배 심판들을 양성하는 데 나서고 싶다. 나는 이제 이런 미래를 선택했다. 그러니 절대 포기하지 않고 또 앞으로 나아갈 것이다.

가족을 위해서라면
무엇도 두렵지 않다

　나는 하루하루가 힘들다. 하지만 하루하루가 즐겁다. 〈유 퀴즈〉에 출연해서 말했던 것처럼 해야 할 일과 하고 싶은 일 두 가지를 모두 하고 있기에 행복하다. 먹고사는 일 때문에 하고 싶은 일을 포기하고 사는 사람이 얼마나 많은가. 하지만 나는 여전히 축구인으로 필드를 누비고, 그 일에서 인정받고 있으니 열심히 살아온 덕을 이제야 누리고 있다고 생각한다.

　내게 가장 중요한 삶의 가치를 꼽으라면 나는 딱 두 가지를 꼽을 것이다. 가족과 축구. 그것이 내 삶의 원동력이자 에너지원이다. 나는 가족을 위해서라면 무엇도 두렵지 않다. 가장으로서 남편으로서의 위치가 나의 존재 이유라고 생각한다.

어렸을 때 나는 부모님의 온전한 사랑을 받지 못했다. 인생이 잘 풀리지 않은 아버지의 한숨과 온 힘을 다해 자식들 뒷바라지를 하다가 절망에 빠진 어머니의 울분과 눈물을 보며 자랐다. 그렇게 가난하고 덜컹거리는 가정이었지만 그럼에도 내가 비뚤어지지 않고 내 길을 걸을 수 있었던 건 한때 자식들에게 최선을 다한 책임감 있는 부모님의 모습을 보았기 때문이다. 나는 그것이 아이들에게 가장 중요한 교육이라고 생각하고, 부모의 자격이라고 여긴다.

물론 나는 부족한 아버지이다. 세상에 완벽한 부모는 없지만, 나는 좋은 아버지의 기준에 못 미친다고 생각한다. 그건 내가 정서적으로 아이들을 만족시켜주는 아버지는 아니기 때문이다. 나는 40대인 지금도 여전히 20대처럼 바쁘게 살고 있다. 하루 6시간 이상 자지 않고, 잠잘 시간을 쪼개서 살고 있기에 아이들과 보내는 시간도 그만큼 적다. 그럼에도 나는 가족을 위해서라면 못할 일이 없고, 인생의 많은 것들을 가족을 위해서 선택한다.

서초구체육회에서 생활체육지도자로 15년을 근무하고 그만둔 뒤 2021년부터 2년간 퀵서비스 기사를 했다. 생활체육지도자는 계약직이었다. 미래가 확실하지 않은 일이니 언제까지 할 수 있을지 몰라 불안했다. 나 자신과 가족들을 위해서 좀 더 안정적인 일을 찾아야겠다고 생각했다. 그래서 회사를 그만두었다. 구직을 하면서도 가장의 역할은 놓지 않고 닥치는 대로 일을 했다. 그때는 새벽 6시부터 시작해서 오래 일할 때는 저녁 10시까지 16시간 동안 운전하고 짐을 날랐다. 평균적으로 하루 12시간 이상 일했다. 하지만 강도 높은 노동을 계속하다 보니 체력이 급격히 떨어지고 몸이 견뎌내지 못하고 있다는 느낌을 받았다. 이렇게 하다가는 심판 일을 오래 할 수 없겠다는 생각이 들었다. 나이 들어서까지 이렇게 일을 할 수도 없는 일이었다. 그런 고민을 하고 있는데 서초구청 게시판의 공고문 하나가 눈에 들어왔다. '환경공무관 모집'. 환경공무관은 흔히 말해 환경미화원으로, 도시 청결을 위해서 담당 구역을 청소하고 깨끗하게 치우는 일을 하는 직업이었다. 그 외에도 일반 생활 폐기물에 대한 운반 및 수거 업무, 음식물 쓰레기 운반 및 수거, 대형 폐기물 운반 및 수거, 재활용품 운반 및 수거, 인도 및 도로변 등의 가로 청소, 불법 및 무단 투기물 수거 등을 해야 한다.

이 일은 새벽에 출근해야 하기에 부지런하고 체력적으로 준비가 되어 있다면 충분히 도전해 볼 만한 일이었다. 게다가 정년이 보장되기에 나에게는 안성맞춤이었다. 주위에서는 우려의 시선도 많았다.

"누가 뭐래도 여전히 직업에 대한 편견이 존재하잖아. 사람들이 어떻게 봐도 상관없겠어?"

하지만 나는 그런 시선 따위는 전혀 중요하지 않았다. 부정하고 나쁜 짓을 하는 것도 아니고, 성실하고 정정당당하게 하는 일인데 부끄러울 이유가 어디 있겠는가. 가장으로서 좀 더 안정적인 생활이 가능하다는 이유도 크게 작용했다.

결심이 서자, 나는 주저 없이 환경공무관 시험에 응시했다. 이리 재고 저리 재고, 생각하고 따지는 건 내 성격에 맞지 않는다. 시간만 낭비하는 잡생각을 할 바에는 일단 하는 게 낫다. 생각할 시간에 무조건 시작하는 게 남는 장사이다.

환경공무관 시험은 생각보다 더 경쟁률이 높은데 합격하려면 체력 시험을 잘 봐야 한다. 윗몸 일으키기, 왕복 달리기, 모래주머니 옮기기 등의 체력 테스트를 봐야 한다. 나한테는 매우 좋은 조건이었다. 심판으로서 최고가 되기 위해서 체력 단련을 한순간도 게을리하지 않았으니까. 그렇게 실기시험에서 나는 1등으로 통과했다. 그리고 마지막 면접을 거쳐 마흔네 살에 서초구 환경공무관이 되었다. 또 하나의 도전에 성공한 것이다.

환경공무관이 된 뒤 나는 20대 때 그랬던 것처럼 여전히 바쁘게 산다. 새벽에는 환경공무관으로 거리를 청소하고, 퇴근하고 나서는 2~3시간 동안 퀵서비스 배달을 한다. 배달이 끝나면 헬스장에 가거나 달리기를 하면서 체력 훈련을 한다. 사생활이랄 게 거의 없다. 주위에서는 그런 나를 보면서 신기하다는듯 묻는다.

"아니, 나이도 있는데 그렇게 조금 자고 하루를 이틀처럼 쓰면 피곤하지 않아요?"

물론 피곤하다. 하지만 자투리 시간을 잘 활용하면 피곤을 푸는 것도 요령 있게 할 수 있다.

그렇게 바쁘게 살다 보니 아이들이 만족할 만큼 실컷 놀아주고, 아이들의 성장 과정을 꼼꼼히 챙겨주진 못한다. 그런데도 아이들은 나를 존경하고 좋아해 준다. 가족에게 최선을 다하고 있다는 걸 느끼고 있기 때문일 것이다. 아이들에게 항상 미안함을 가지고 있지만, 한편으로는 아이들에게 당당하다. 그리고 아이들의 마음속에 언제나 착하고 부지런한 아빠로 남고 싶다. 〈유퀴즈〉에서 큰아들 현우가 말한 것처럼 말이다.

선택의 힘,
선택에 따른 책임감

　'인생은 선택의 연속'이라는 말이 있다. 우리는 살아가면서 늘 선택의 기로에 선다. 점심은 뭘 먹을까, 다이어트를 할까 말까 같은 작은 선택에서부터, 대학을 갈 것인가, 어떤 학과를 갈 것인가, 결혼을 할 것인가 같은 크고 굵직한 선택까지 이 모든 선택이 모여 우리의 인생을 만든다.

　선택의 바탕에는 자신만의 가치관과 인생관이 깔려 있다. 그리고 대개는 살아온 관성대로 선택을 한다. 관성을 거스르는 것은 자연법칙에서도 인간의 삶에서도 어려운 일이다. 하지만 나는 그런 관성을 거스르면서 인생의 방향을 정해 왔다.

선수 생활을 그만두었고, 직장도 한 가지로 만족하지 않았고, 완전히 다른 직종으로 전직을 하기도 했다. 그리고 그 선택의 결과로 축구심판이 되었고, N잡러가 되었고, 환경공무관이 되었다.

누구에게나 선택은 쉽지 않다. 이 선택을 했다가 실패하면 어쩌나, 그나마 쥐고 있던 것까지 다 잃으면 어쩌나 하는 걱정이 앞선다. 그래서 해오던 걸 그대로 하고, 거기에서 벗어나지 못한 채 불만을 가득 안고서 살아간다. 그런데 어려워도 그 관성을 거스르는 힘이 내 인생을 리셋하고 업그레이드할 수 있는 힘이 되어준다. 물론 그 선택에 대한 책임을 온전히 질 수 있어야만 인생이 바뀐다.

나는 수많은 직업을 전전했다. 신문 배달, 우유 배달, 마트 상품 진열, 스포츠마사지사, 돌 조경 회사 직원, 일용직 건설 노동자, 신용카드 판매 영업, 스포츠용품 판매, 노래방 아르바이트, 대리운전, 수산물 판매, 꽃 판매 영업 등 열 손가락에 다 꼽지 못할 정도이다. 어떨 때는 여러 가지 일을 한꺼번에 하기도 했다. 그 모든 선택에 책임을 다했고, 그래서 평판도 성과도 좋았다. 모든 일이 살아가기 위한 치열함에서 비롯된 선택이었고, 언제나 그 선택에 후회가 없도록 성실하게 임했다. 그래서 아무리 허드렛일을 했어도 부끄럽지 않다. 감추고 싶은 과거도 없다. 나 자신에게 당당하기 때문에 가지는 자신감이다. 물론 누군가에게는 부족한 점이 있었을지 모른다. 나도 모르는 사이 사소한 실수를 했을지도 모른다. 하지만 선한 의지를 가지고 바르게 살려고 노력했다는 것 하나만큼은 자부할 수 있다.

우리는 인생의 매 순간 선택의 기로에 서고, 내가 하는 선택이 과연 잘하는 선택일까 고민하고 주저한다. 그런 사람들에게 말해 주고 싶다. 주저할 시간에 그 일을 시작하라고. 그리고 후회 없이 최선을 다하라고. 그러면 설령 그 일에 실패한다고 해도 후회는 없다고.

'거리를 청소하는 축구심판.'

나는 이 닉네임이 좋다. 내가 가장 중요하다고 생각하여 선택했고, 가장 열심히 하고 있는 일이기 때문이다. 선택을 자신의 확고한 일로 만들고 그것을 당당하고 자랑스럽게 내세울 수 있는 사람. 나는 그런 삶을 살고 싶고, 앞으로도 그렇게 살 것이다.

선택의 힘

당신은 지금 무엇을 선택할 것인가? 사람들은 대개 안정을 원하고 그걸 유지하는 선택을 한다. 내 선택에 대해 자신할 수 없고 불안한 건 누구나 겪는 일이다. 하지만 고통이 무서워, 실패가 두려워서 편한 것만 선택한다면 당신은 세상에서 빛나는 별이 될 수 없다. 실패가 두려워서 어느 정도 선에서 만족하고 더 이상 밀고 나가려고 노력하지 않으면 지금보다 나은 미래는 없을 것이다.

한번 사는 인생, 이왕이면 하고 싶은 일에서 '최고'를 목표로 선택하자.

40대 이후 자기 분야에서 최고가 되기 위한 '스타의 법칙'을 소개한다.

`Step 1` 프로페셔널의 최고점에 오르기

자신이 하고 싶은 일에서는 '최고'가 목표가 되어야 한다. 인생을 피라미드라고 생각해 보자. 내가 차근차근 한 단계씩 올라서는 피라미드. 20대에는 피라미드의 맨 아래에 위치한다. 이른바 아마추어의 시기이다. 이때는 다양한 일을 하면서 실패도 해보고 경험을 쌓는다. 30대에는 피라미드의 한 단계를 더 올라간다. 여전히 다양한 경험을 해가면서 이 과정에서 중도 포기하거나 다른 길로 가는 사람이 생긴다. 40대에는 피라미드의 꼭짓점 맨 윗자리로 올라선다. 이 단계에 올라선 사람은 포기하지 않고 자기 분야에서 최고로 인정받은 극소수이다. 이들을 프로페셔널이라고 부른다.

40대	내 분야에서 최고가 되는 프로페셔널 시기
30대	더 잘하기 위해 숙련해 나가는 시기
20대	'어떤 일을 하고 싶은가?'를 찾는 아마추어 시기

Step 2 **프로페셔널의 그라운드 넓히기**

이번에는 반대로 역삼각형 구조로 자신의 지평을 넓혀가야 한다. 20대는 자신이 꼭 하고 싶은 일, 이루고 싶은 목표를 예리하게 찾아야 한다. 이때 필요한 건 냉철한 자기 평가이다. 열심히만 하면 최소한 망하지는 않는 때이니 내가 잘하고, 하고 싶은 것, 그 한 점, 포인트를 찾는 것이 나의 경쟁력이 된다. 30대는 자신이 하고 있는 일에서 기회가 만들어지기 시작하는 시기이다. 자신만의 그라운드가 생성되기 시작하는 단계이다. 그리고 마지막 40대는 모든 경험과 노하우가 쌓여 그라운드가 좀 더

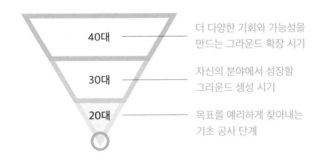

40대	더 다양한 기회와 가능성을 만드는 그라운드 확장 시기
30대	자신의 분야에서 성장할 그라운드 생성 시기
20대	목표를 예리하게 찾아내는 기초 공사 단계

넓게 확장되는 시기이다. 저변이 넓은 만큼 자기 분야에서 할 수 있는 것이 훨씬 더 많아지고, 다양한 기회가 만들어진다.

Step 3 프로페셔널 중 슈퍼스타 되기

이 두 가지 삼각형, 즉 프로페셔널의 목표와 방법이 겹쳐지면 하나의 별이 탄생한다. 즉 프로페셔널로 최고점에 오르고, 자신만의 그라운드를 확장시킨 사람만이 빛나는 별이 되는 것이다. 이들은 목표를 가지고 자신만의 원칙으로 끊임없이 자신을 단련해 온 사람들이다.

차분하게 당신이 빛나는 별이 되기 위한 단계를 밟아보자. 남들의 인정에 흔들리지 않는 나의 스타는 바로 '나 자신'이다.

자기 분야에서 최고점에 오르고, 자기 분야에서 끊임없이
가능성을 확장시키는 사람만이 빛나는 별이 된다!

5장 인내의 힘

결국에 나는
해낼 수 있다!

세상은
결코 만만하지 않다

　나는 지금도 사람들에게 농담처럼 말한다. 내 인생은 항상 굴곡져 있다고. 평온해질 만하면 폭풍우가 몰아치고, 고요해지면 다시 천둥이 치는 그런 식이다. 하지만 그런 시련도 참고 이겨내며 살아가야 하는 게 또 인생이지 않은가.

　학사장교로 입대한 후 나는 군대에 잘 적응하며 '군대 체질'이라는 소리를 듣고 있었다. 소대원들도 나를 잘 따랐고, 규칙대로 생활하면 되기에 단체 생활에 익숙한 내게 군대는 적성에 잘 맞는 곳이었다. 더구나 노숙인쉼터 일에 아르바이트를 몇 가지씩 하며 악으로 버티던 대학 시절보다 오히려 시간적으로도 여유가 생겼고, 스트레스를 받을 일도 많이 없었다. 더불어 월급까지 차곡차곡 모을 수 있으니 더할 나위 없는 직장이었다. 게다가 나는 대학 시절 아르바이트를 해서 모아둔 돈과 군대에서 받은 월급을 저축해서 스물다섯 살 나이에 8,000만 원이라는 큰돈을 모은 상태였다. 지금도 큰돈이지만 그때는 더 큰돈이었고 내 피, 땀, 눈물이 담긴 돈이었다. 스스로 대견하다 싶을 만큼 든든하기도 했다.

내가 군대에서도 이렇게 악착같이 돈을 모은 이유는 제대하면 방 한 칸이라도 마련할 돈이 있어야 한다는 절박함이 있었기 때문이었다. 나는 지금까지 모은 돈으로 뭘 해야 할지 궁리하기 시작했다. 그때부터 우선 경제와 재테크 관련 서적을 읽었다. 전문가에게 도움을 받을 수 없으니 독학이라도 해야겠다는 생각에서였다. 책 속에는 20대에는 어떤 투자를 해야 하는지, 어디에 투자해야 하고, 무엇이 수익이 많이 나는 투자인지 등이 자세하게 적혀 있었다. 나는 책을 읽으며 미래를 꿈꾸고, 희망에 부풀어 올랐다. 정말이지 내가 가진 돈을 부동산에 투자하면 나도 금방 부자가 될 것 같았다.

그때쯤 마치 운명처럼 상가 분양 광고가 내 눈을 사로잡았다. 천안 축구센터 앞에 있는 쇼핑몰이었다. 내가 이 쇼핑몰 광고를 눈여겨본 것은 당시 동대문 패션 쇼핑몰들의 성황으로 동대문이 패션의 성지로 각광받고 있었기 때문이었다.

'와! 이거 좋겠다. 지금 동대문 패션 쇼핑몰들이 엄청나게 유행하고 있잖아. 들어보니 외국에서도 찾아와 옷을 대량으로 구매해 간다던데…. 이런 패션 쇼핑몰이면 당연히 성공할 거야.'

조건도 괜찮았다. 내가 본 상가는 2년 동안 임대가 안 나가도 매달 임대료 50만 원씩 파격 보장해 준다고 했다. 기대는 더욱 커져만 갔다.

'이 상가를 분양받으면 내가 취직해서 월급을 받는다 해도 내 또래들보다 매달 50만 원씩 부수입을 더 올리게 되는 거잖아. 괜찮은 투자야.'

나는 당장 임대사무소를 찾아갔다. 분양 시세는 한 평에 1억. 큰돈이었지만 망설일 이유가 없었다. 눈앞에 꽃길이 펼쳐지는데 마다할 이유가 있겠는가. 부족한 2,000만 원은 은행에서 대출을 받았다. 지금도 잊히지 않는 2005년 5월 1일. 그날, 나는 1억 원으로 한 평짜리 상가를 분양받았다. 이제 내 인생도 풀리는 모양이라고 기대했다. 하지만 나의 부푼 꿈을 비웃기라도 하듯 불과 몇 달이 지난 후에 나는 사기를 당했다는 걸 알았다. 그제야 현실을 제대로 보게 된 것이다. 천안에 있는 한 평짜리 상가에 대체 누가 들어온단 말인가. 하늘이 무너져 내렸다. 어떻게 모은 돈인데 이렇게 날려버리다니.

'미친놈. 돈에 눈이 멀어서 그냥 줘도 안 가질 그런 상가를 분양받는 멍청한 놈. 넌 대체 왜 사냐, 이 멍청한 놈아.'

나는 끝없는 나락으로 떨어졌다. 도저히 나 자신이 용서가 안 됐다. 삶에 대한 부정, 인생에 대한 부정, 출구 없는 비통함은 나를 계속 갉아먹었고, 나는 내 처지가 너무나 한스러웠다.

'내 옆에 부모님이 있었다면, 조언해 줄 친구라도 있었다면 이런 사기는 안 당했겠지.'

내가 가진 모든 조건들이 싫었고, 이런 상황에 대한 원망이 들었다. 부정적인 생각으로 가득했던 어린 시절의 내가 다시 소환된 것이다. 나는 왜 이렇게 가난하고 못난 부모 밑에서 태어나 힘들게 살아야 하는지 울부짖고 싶었다. 하지만 들어줄 사람이 없었다. 의지할 것이라고는 술밖에 없었다. 나는 잘 마시지도 못하는 술을 퍼마시기 시작했다. 도저히 맨정신으로 버틸 수가 없었으니까.

'이렇게 살아서 뭐해. 그냥 죽어버리는 게 편하지. 아무도 날 도와주지 않고 사랑해 주지도 않고 아무도 없는 이런 인생. 이런 거지 같은 인생 버티고 살아서 뭐하냐고!'

나는 그때 죽을 생각까지 했었다. 정말이지 살고 싶지 않았다. 이기지도 못할 술을 마시면서 손등이 피로 범벅이 될 때까지 벽을 내리쳤다.

'나 하나 죽으면 그만이야. 아무도 슬퍼하지도 않을 인생, 살아서 뭐해. 멍청한 놈, 바보 같은 새끼!'

나에 대한 자학, 환경에 대한 원망, 주변 사람들에 대한 분노와 원한 등 모든 부정적인 감정들이 한꺼번에 몰려왔다. 하지만 아무리 벽을 손으로 내리치고 기절할 정도로 술을 퍼마셔도 죽지는 않았다. 죽을 용기가 없었다. 하루는 도저히 세상을 살아갈 자신이 없어 한강을 찾았다. 이대로 죽어도 세상에 아무런 미련도 여한도 없다고 생각했다. 하지만 한밤에 컴컴한 한강을 내려다보니 무섭고 두려웠다. 일렁이는 물결이 마치 지옥의 출입구처럼 느껴졌다. 눈물이 흘렀다. 한번 터진 눈물은 주체할 수 없이 흘러내렸다. 아무도 없는 한강 다리 위에서, 나는 지금까지 참아왔던 눈물을 모두 쏟아냈다. 날려버린 돈 1억 원이 아까워서가 아니었다. 내가 너무 처량하고 가여워서였다. 아등바등 살아온 지난날이 머릿속을 스치며 한스럽게 다가왔다.

힘들지 않았던 순간, 외롭지 않았던 순간이 없었다. 초등학교 때부터 스무 살이 훌쩍 넘은 그때까지 다리 한번 편하게 펴지 못하고 살아왔다. 25년의 세월이 너무 억울했다. 그때 흘린 눈물은 그러니까 나에 대한 연민의 눈물이었다. 그동안 한번도 수고했다, 고생했다, 장하다 위로해 주지 않았던, 지칠 대로 지친 나 자신을 위한 눈물이었다.

얼마나 울었을까. 더 이상 눈물이 흐르지 않았다. 나는 고개를 들어 암흑 같은 하늘을 올려다보았다.

'여기서 멈추면 난 아무것도 아닌 인간이 된다. 선수도 심판도 제대로 못한 놈이라고 기억되겠지. 누구 하나 내 죽음을 아쉬워하지도 않을 거야. 그건 내가 용납할 수 없는 삶이야.'

다시 일어서야 했다. 그 순간, 내 가슴속 어딘가에서 희미한 희망의 빛이 파르르 일었다. 나는 주먹을 다시 쥐었다.

'이대로 끝내면 안 된다. 나에겐 아직 많은 날들이 있어. 다시 살아보자.'

죽을 용기가 없다면 살아야 했다. 악착같이. 내가 삶을 살아내온 본능적인 힘으로 말이다. 이 일을 통해 나는 버티는 것만큼 강력한 삶의 무기가 없다는 걸 깨달았다. 그 일로 나는 정말 많은 것을 느꼈다. 돈을 모으는 것도 중요하지만 잘 쓰는 것도 중요하다는 것, 과한 욕심은 화를 키운다는 것, 힘들더라도 차근차근, 천천히 정도를 가야 한다는 걸 절실히 깨달았다. 솔직히 나는 돈을 잘 모으기도 하지만, 또 그만큼 잘 까먹기도 한다. 수단은 좋은데 돈이 잘 불어나지 않는다. 한참 오르다가 탁 떨어지고, 또 떨어지고 그런다. 그래서 더 열심히 사는지도 모르겠다. 지금 와서 생각해 보면 그 시절 1억 원이란 큰돈을 날린 것은 신이 내게 경고하듯 한 대 때려준 것일지도 모르겠다.

"야! 정신 차려. 샴페인을 터트리기엔 아직 너무 이르다고!"

그건 세상이 나를 속인 게 아니라 모든 걸 혼자서 판단하고 결정한 성급함, 그리고 하나를 결정하면 뒤도 돌아보지 않고 앞으로 달려가는 내 성격 때문이지 않았을까? 나는 지금이라도 그 모든 일을 깨달아서 다행이라고 여긴다.

어쨌든 힘든 건 지나간다. 이를 악물고 버티면 반드시 좋은 날이 온다. 그게 삶의 순리이다. 죽을 만큼 힘든 일에 부딪쳤다면, 그 시간을 충분히 괴로워하라고 감히 말하고 싶다. 괜히 괜찮은 척, 별것 아닌 척하는 게 더 위험하다. 언젠가는 그 참았던 감정이 폭발해서 나를 근본적으로 뒤흔들 수도 있기 때문이다. 고통스럽고 괴로운 시간을 온전히 느끼고 바닥을 쳐야 더 단단해진 내면으로 비틀거리지 않고 똑바로 설 수 있다.

스스로 질문하고
해답을 찾아가는 인생

그 일을 겪은 뒤 제대까지는 1년이 남아 있었다. 나는 초조해지기 시작했다. 방 한 칸이라도 구할 돈을 마련해야 했다. 어떻게든 살아내기로 마음먹은 만큼 다시 허리띠를 졸라맸다. 살기 위해서는 어쩔 수 없었다. 내 욕심과 실수로 벌어진 일이니 누굴 탓할 수도 없었다. 정말 악착같이 돈을 모았다.

그렇게 나는 2006년 10월, 1년간 모은 2,000만 원을 손에 쥐고 제대했다. 수중에 2,000만 원의 돈이 있었지만 딱 그만큼의 빚도 있었다. 그 빚을 갚아야 했지만 내게 남은 유일한 돈으로 빚을 갚으면 당장 무일푼 신세가 된다. 길바닥에서 잠을 잘 수는 없는 일이었다. 나는 빚은 취직하면 천천히 갚기로 하고 우선 방을 구하기로 했다. 하지만 서울에서 그 돈으로 구할 수 있는 방은 거의 없었다. 발품을 팔고, 또 팔아서 간신히 신정네거리역 근처의 옥탑방을 1,500만 원에 구했다. 여름에는 덥고 겨울에는 추운 옥탑방이었지만 그런 걸 따지고 투덜댈 형편이 아니었다. '그래, 이게 어딘가?'

방을 구했으니 이젠 취직을 해야 했다. 빨리 빚도 갚고, 돈을 모아 그때의 기억을 지우고 싶었다. 다행히 당시는 지금보다는 일자리를 구하는 것이 쉬웠다. 꼭 대기업에 취직해야 한다거나 연봉 몇천만 원 이상이어야 한다거나 하는 기준이 없었다. 그러니 마음만 먹으면 취직을 할 수 있었다. 다만 어렸을 때부터 운동을 해왔고, 체육학과를 졸업했으니 전공을 살리고 싶었다.

하루도 쉬지 않고 열심히 구직 활동을 했다. 다행히 얼마 가지 않아 서초구체육회에 생활체육지도자로 취직했다. 구민들에게 운동을 가르쳐주는 일이었는데, 전공인 데다 학과 성적이 좋았던 게 큰 도움이 됐다. 계약직이고 월급도 적었지만 꼬박꼬박 안정적으로 월급이 나오는 직장을 얻은 것이 충분히 만족스러웠다. 나는 이곳에서 내가 가진 성실함과 근성으로 정말 열심히 일했다. 처음 제대로 얻은 직장인 만큼 정말 이 일을 잘 해내고 싶었으니까.

하지만 시작은 언제나 쉽지 않은 법. 그때까지 나는 여성들과 제대로 인간관계를 맺은 적이 거의 없었다. 형밖에 없는 데다 오랫동안 운동선수로 합숙 생활을 했고, 군대 생활을 했다. 대학 때 미팅이나 소개팅을 해본 적도, 사는 게 바빠 제대로 된 연애를 해본 적도 없었다. 그러다 보니 여자분들을 대하는 게 쉽지 않았다. 그런데 체육회에서 서초구에 거주하는 여성분들께 축구를 가르쳐주는 일을 맡았다. 그분들께 운동을 가르쳐야 하니 얼마나 어려웠겠는가.

하지만 걱정은 걱정이었을 뿐이다. 안 해봤던 것일 뿐 못하는 일이 아니었던 거다. 오히려 그분들과 운동을 하면서 내가 굉장히 사교적이고 다른 이들과 어울리는 걸 좋아하는 사람이라는 걸 처음 알았다. 성격이 변했다기보다는 그동안 잠자고 있던 내 안의 여러 면모 중 하나가 발견된 것이다. 그렇게 나는 그곳에서 잘 적응하며 재미있게 일할 수 있었다.

그런데 문제가 하나 있었다. 바로 월급이 너무 적다는 것이었다. 게다가 사기당한 8,000만 원이 종종 떠오르는 건 어쩔 수 없었다. 좀 더 살기 편한 집을 구하고 싶고, 결혼도 하고 싶었던 나는 빨리 돈을 모으기 위해 일을 더 해야겠다고 생각했다. 물론 그때도 축구심판 일을 계속하긴 했지만, 그건 정말 아르바이트에 불과했다.

'일을 더 해보자. 안 그러면 이 상태에서 벗어날 수 없어.'

나는 월급, 심판비, 아르바이트로 번 돈을 거의 쓰지 않고 꼬박꼬박 모았다. 그렇게 다시 4년 만에 1억 원을 모았다. 수입의 대부분을 모은 결과였다. 누군가는 묻는다.

"아니, 어떻게 돈을 그렇게 잘 모아요?"

"돈 모으는 재주가 좋네. 무슨 특별한 노하우가 있어요?"

하지만 별다른 방법은 없다. 내가 돈을 모은 방법은 그저 많이 일하고 아끼는 것뿐이다. 나는 정말 최소한의 의식주 외에는 거의 돈을 쓰지 않았고, 잠자는 시간을 줄여가며 일했다. 이렇게 하면 그 누구라도 돈을 모을 수 있다. 그때 필요한 건 딱 하나 유혹을 견뎌내는 것뿐이다.

갖고 싶은 것, 먹고 싶은 것, 놀고 싶은 것 등 많은 것들이 나를 유혹한다. 친구들을 만나 술 한잔 하고 싶고, 여행도 가고 싶고, 좋은 차도 갖고 싶을 때가 있다. 그럴 때 내가 정말 원하는 게 뭔지 생각했다. 무엇을 하면 가장 만족스러울까, 더 행복해질까 생각했다.

나는 평범한 삶, 든든한 울타리가 되는 가족을 꾸리고 싶었다. 그러니 한눈팔 틈도 이유도 없었다. 그렇게 마음먹으며 유혹을 뿌리쳤고, 1억이란 큰돈을 다시 모을 수 있었다. 돈이 조금씩 모일수록 뿌듯함도 느꼈다. 그런데 가장 귀중한 성과는 '나는 마음만 먹으면 뭐든지 해낼 수 있는 사람이다.'라는 자신감을 다시 찾은 것이었다.

그렇게 나는 서른두 살에 사랑하는 이를 만나 결혼해 가정을 일구었다. 나는 가족에 대한 결핍이 있었다. 너무 외롭게 자란 데다 가족이 화목하게 지내본 기억이 거의 없었기에 따뜻하고 건강한 가정에서 아이들과 행복하게 사는 꿈을 꾸었다. 아내와 나는 의기투합해 좋은 부모가 되자고, 좋은 가정을 꾸려보자고 손을 맞잡았고, 그런 마음이 만나 세 아들의 부모가 되었다. 내가 그렇게 바라고 꿈꾸던 평범한 삶의 주인공이 된 것이다.

지금 내 미래에서 가장 중요한 건 아이들에게 부끄럽지 않은 부모가 되는 것이다. 그래서 나는 더 치열하게 살 수밖에 없다. 아이들이 하고 싶은 게 있다면 돈 걱정 안 하고 할 수 있도록 지원해 주고 싶다. 흔히 생각하는 불타는 교육열은 아니다. 내 유년 시절에 대한 보상 심리 같은 것일지도 모르겠다. 그럼에도 나는 이를 위해 계속 노력할 것이다.

인생은 스스로 자신이 던진 질문에 답하는 과정이라고 생각한다.

'내가 사는 이유가 무엇인가?'

'무엇을 할 때 가장 행복하고 만족스러운가?'

나는 이 두 가지 질문에 대한 답을 스스로 구하며 살아왔다. 당신에게도 자신에게 이 질문을 던지고 답을 찾아보라고 권하고 싶다.

절실하게 살아야
후회 없이 산다

10대부터 40대가 된 지금까지 나는 단 한순간도 허투루 보낸 적이 없다. 가장 치열하게, 가장 뜨겁게, 가장 절실한 마음으로 살았다. 누군가는 '환경이 사람을 만든다.'라며 내가 처한 환경 때문에 어쩔 수 없는 선택이었다고 할 수도 있다. 하지만 나는 그 어떤 시련에도, 그 어떤 난관에도 절대 굴복하지 않고 살았다. 때론 포기하고 싶었던 적도 있었고, 죽고 싶을 만큼 힘들었던 때도 있었다. 분노하기도 했고, 화가 나기도 했지만 나는 내게 주어진 환경을 탓하지 않고 스스로의 힘으로 여기에 서 있다.

내 의지가 아닌 다른 누군가의 잘못으로 내 꿈을 포기해야 했을 때도, 나는 내게 주어진 운명을 그냥 받아들이기보다 최선을 다해 그 운명을 극복해 보려 노력했으며, 또 스스로 새로운 길을 찾아냈다. 나는 이런 나 자신이 대견하다.

〈유퀴즈〉, 유튜브 방송 등에 출연하고, 여러 매체에서 인터뷰도 하면서 이런 내 인생이 많은 이들에게 알려졌다. 자랑할 거 없는 인생이라고 생각했는데, 많은 이들이 내 인생을 지지해 주고 응원해 준다는 걸 느끼고 있는 중이다. 더불어 최근에는 새로운 인생이 펼쳐지고 있다.

바로 강연이다. 이곳저곳에서 내게 동기 부여를 위한 강연을 요청해 주신다. 나이대도 직업도 다양한 청중을 대상으로 한 강연이다. 기업에도 가고, 고등학교나 대학교에도 간다. 그중에서 내가 가장 신경 써서 준비하는 강연은 학생들이나 젊은이들을 대상으로 하는 강연회이다. 나도 그 시절을 겪어왔기에 가장 불안하고 혼란스러운 시기라는 걸 알기 때문이다. 뭘 해야 할지도 모르겠고, 어떻게 살아야 할지 몰라 겁도 난다. '이생망, 이번 생은 망했어!'라면서 좌절하는 친구들도 많이 봤다. 그들은 자신이 아직 어리고 시간이 충분하다는 걸 잘 모른다. 그래서 더 크게 좌절하고 절망한다. 그들에게 말하고 싶다. 나도 했으니 너도 할 수 있다고. 나도 그런 절망의 늪에서 내 발로 당당하게 잘 걸어 나왔다고.

좌절감이 밀려들 때 하나만 기억하자. 인생에서 가장 절실한 게 무엇인지를 말이다. 꿈에 대한 절실함, 내가 지켜야 할 것들에 대한 절실함이 당신의 인생을 전혀 다른 방향으로 이끌 수 있으니 말이다. 인생은 호락호락하지 않고 아무에게나 희망을 내주지 않는다. 이건 살면서 경험한 것이다. 그럼에도 최선을 다한다면, 잘 버텨낸다면 내가 원하는 곳에 다다를 수 있다는 걸 안다. 설사 얻지 못한다고 해도 절실하게 최선을 다한 인생에는 후회가 남지 않는다. 그런 후회 없는 삶은 다른 길을 여는 데 주저하지 않을 용기도 준다. 반대로 최선을 다하지 못해 실패를 경험한 사람은 '그때 더 열심히 할걸.' 하는 후회로 자신을 더 갉아먹게 될 가능성이 높다. 후회가 없는 삶이 행복하고 건강하다. 그러니 절실하게, 치열하게, 당당하게 자신의 인생에 맞서라.

사람들은 지금도 내게 가끔 이렇게 묻는다.

"심판님은 축구선수 그만둔 거 후회하지 않으세요?"

나는 확실하게 말할 수 있다.

"후회하지 않는다."

다시 그 시절로 돌아간다 해도 나는 똑같은 선택을 했을 것이다. 리오넬 메시나 손흥민 선수 같은 재능을 갖고 다시 태어난다면 다른 선택을 하겠지만 말이다. 더 이상 무엇을 해볼 수 없을 만큼 선수 생활에 최선을 다했기에 나는 끝을 선택할 수 있었고, 좋아하는 일을 포기하지 않으면서 내가 행복한 선택을 할 수 있었다. 그래서 축구심판인 지금의 인생이 행복하다. 누군가 강요해서가 아니라 스스로가 택한 길이어서 더 기꺼이 받아들이고 있는 것이다.

또 어떤 사람들은 이렇게 묻는다.

"아니, 이제 그만 그래도 되잖아요? 뭘 그렇게 악착같이 사세요?"

"너무 자기 자신을 몰아세우는 거 아니세요?"

나도 가끔은 좀 편하게 쉬고 싶다고 생각한다. 몸이 너무 피곤하고 정신없이 시간에 쫓길 때 그런 생각이 든다. 그런데 아무 일도 하지 않고 늘어지게 쉬어보려고 해봐도 반나절을 채 보내지 못했다. 몸이 쑤시고 답답증이 몰려온다.

결국 여전히 치열하게 살아가는 것 역시 내 선택이라는 뜻이다. 무엇보다 내가 세운 목표를 하나씩 이뤄나가는 기쁨은 라이벌 팀과의 경기에서 이기는 것만큼 짜릿하기에 나는 이걸 포기하고 싶지 않다. 그럴 때마다 느끼는 쾌감과 성취감 때문에 계속 무언가를 도모하고 계획하는 것이다. 10년 만에 K리그 심판이 된 것, 올해의 심판상을 받은 것, 환경공무관이 된 것, 심판으로 알려지면서 김민재 선수 닮은꼴로 유명세를 탄 것, 그것을 계기로 이탈리아에서 환대를 받은 것, 〈유퀴즈〉에 출연한 것, 그리고 책을 출판하게 된 것까지. 내가 목표를 삼고, 사람들에게 꼭 이루겠다고 말로 다짐했던 것들이 하나씩 실현되고 현실이 되는 것을 보면서 나도 내 인생을 즐기고 있다.

자기 인생에 대한 기대감. 나는 그것이 엄청난 부자가 되고, 대단한 명예를 얻는 것보다 훨씬 귀하고 가치 있다고 생각한다. 지금 한번 생각해 보자. 당신 인생을 걸고 절실하게 이루고 싶은 것은 무엇인가? 어려움도 이겨내고 인내하며 지키고 싶은 꿈은 무엇인가?

다시 20대로 돌아간다면
어떻게 살겠느냐고?

흔히 20대가 인생에서 가장 찬란한 시기라고 이야기하는 이들이 많다. 가능성이 가장 많은 시기이고, 다른 인생을 살 수 있는 기회를 얻을 수 있다고 생각하는 것이다. 맞는 말이다. 그래서 그런지 사람들은 가끔 내게 이렇게 묻는다.

"20대로 돌아가고 싶지 않으세요?"

"20대로 돌아간다면 뭘 하고 싶으세요?"

그 질문에 난 단호하게 답한다.

"아이고, 절대로 돌아가고 싶지 않아요. 너무 힘들었어요. 지금의 내 삶이 괜찮고, 지금껏 잘해 왔다고 생각해요."

물론 20대는 아름답다. 가능성이 무궁무진한 시기이다. 실패해도 다시 일어설 수 있는 시간이 있고, 그 어떤 일에 도전해도 괜찮다. 하지만 나는 20대를 치열하게 살았고, 후회 없이 살았기에 다시 돌아가고 싶은 마음도, 돌아가서 내 인생을 바꾸고 싶은 마음도 없다. 게다가 20대는 아름다운 만큼 힘들고 불안한 시기이다. 그 시절을 간신히 건너왔는데 또 돌아가라니 생각만 해도 식은땀이 난다.

그런데 강연을 하다 보면 강연 내용을 가장 흥미롭게 집중해서 듣는 청중이 바로 20대이다. 그들에게는 내 인생이 일종의 격려가 되는 것 같다.

'저렇게 힘들게 산 사람도 있구나.'

'저런 환경도 극복할 수 있구나.'

'나는 그래도 그 정도는 아니니까 희망이 있어.'

이런 용기를 얻는 것 같다. 그런 생각을 한다면 참 감사하다. 내 인생이 누군가에게 희망이 되고 용기가 된다면 나는 더 많이 내 인생을 보여줄 용의가 있다. 내가 살아온 시간이 누군가의 인생에 거름이 된다면 그것만큼 기쁜 일이 없지 않은가.

내 인생의 궤적에서 희망을 보는 청춘들에게 자신을 북돋우는 자기 암시를 꼭 하라고 말해 주고 싶다. 즉, 자신이 살고 싶은 인생을 자기 자신에게 깊이 각인시키라는 것이다.

"할 수 있다, 할 수 있다, 할 수 있다."

이런 자기 암시는 스스로를 의심하는 태도를 버리고, 긍정적인 생각으로 채울 수 있게 도와준다. 내가 아침마다 미소 짓는 연습을 하는 것도 이런 자기 암시의 한 방법이다. 당신도 거울을 보면서 자신이 살고 싶은 인생을 소리 내어 말해 보라.

"나는 스물다섯 살에 세계여행을 떠날 거고, 그 경험으로 서른 살이 되기 전에 책을 출판할 거야."

"나는 서른 살에 내 사업을 시작할 거야. 그래서 아마존에 제품을 론칭할 거야."

이런 인생의 그림들을 소리 내어 말함으로써 내 안 깊숙이에 새겨 넣어라. 이 자기 암시의 효과는 놀랍다. 이렇게 입 밖으로 꺼내어 확언하면 그 일을 이루기 위해서 행동하게 된다. 생각이 바뀌면 행동이 바뀌기 때문이다. 그리고 그 행동을 지속하다 보면 그것이 습관이 되고, 인생이 바뀌기 시작한다. 목표를 이루는 방향으로 힘차게 걸어가는 사람이 되는 것이다. 허황된 말 같은가? 그렇지 않다. 나 또한 이런 식으로 내가 이루고 싶은 일을 이루어왔다. 그렇기에 그런 자기 암시가 스스로에게 동기 부여가 된다는 걸 장담할 수 있다.

만약 이런 노력을 기울였는데도 목표를 이루지 못했다면, 무엇이 실패의 원인이었는지를 돌아보고 수정하면 된다. 빨리 도전하고 빨리 실패해 보는 게 시간을 버는 방법이다. 실패는 버려야 할 기억이 아니라 기억해야 할 교훈이다. 실패를 발판 삼으면 다시는 똑같은 실패를 하지 않을 수 있으니 말이다.

그러니 일단 자기 인생을 응원하며 앞으로 나아가는 게 먼저라는 것만 기억하자.

목표가 없다고요?

대학교 2학년 때 3급 축구심판 자격증을 땄던 처음부터 프로리그 심판이 되겠다는 목표를 가졌던 건 아니다. 3급부터 2급, 1급까지 승급하는 동안 처음에는 돈을 벌어야겠다는 생각뿐이었다. 물론 다른 아르바이트들과 달리 축구와 함께 할 수 있는 일이니 좋기도 했고, 그렇게 내가 좋아하는 일을 하면서 돈도 벌 수 있으니 더 집중했던 게 사실이다. 그런데 계속해서 하다 보니 '이거 되게 재밌네. 즐겁네. 그러면 한번 최고가 되어보자.'라는 꿈이 생긴 거다.

그렇다. 꿈이 없다고, 목표가 없다고 생각한다면 내가 즐겁게 할 만한 일을 아직 못 만났기 때문이다. 강연장이나 다른 곳에서 만나는 청춘들에게 나는 가끔 묻는다.

"목표가 뭐예요? 꿈이 뭐예요?"

그러면 확신에 가득 차서 자신의 꿈을 말하는 이들도 있지만 대부분은 이런 답을 내놓곤 한다.

"아직 모르겠어요….."

"아니요, 없어요."

나는 그 친구들에게 이렇게 말해 주고 싶다.

"꿈이 아직 없는 이유는 내가 행동하지 않았기 때문이에요. 경험이 적으니 뭘 좋아하는지 모르는 거죠!"

내가 평생을 걸고 뭘 하고 싶은지 일찌감치 알아차린다는 건 정말 큰 축복이다. 가야 할 길을 알고, 목표를 향해 걸어가는 이들에게는 어떤 시련에도 흔들리지 않는 굳건한 마음이 있으니까. 하지만 그런 축복은 모두에게 주어지지 않는다. 대부분은 쉽게 만나지 못한다.

그러니 내가 뭘 하고 싶은지, 이루고 싶은 목표가 무엇인지 알고 싶다면, 그리고 나만의 멋진 꿈과 목표를 가지고 싶다면 여러 가지 경험을 해보라고 이야기해 주고 싶다. 매일 핸드폰만 들여다보면서 시간을 보내기엔 내 청춘이 너무 아까우니까. 그러니 카페, 편의점, 새벽시장 등등 어디서든 아르바이트도 해보고, 소자본이나 무자본으로 시작할 수 있는 사업도 시도해 보자. 나만의 아이디어가 있다면 그걸 발전시켜보자. 그렇게 시도하면서 성공도 실패도 경험해 보면 나만의 자산이 분명히 쌓일 것이다. 꿈이 없다는 건, 어쩌면 지금껏 내가 무언가 시도해 보지 않았다는 말일 수도 있으니까.

나는 어찌 되었건 젊은 날 정말 많은 직업을 가져봤고, 무수한 실패도 경험했다. 그리고 그때의 경험은 생각보다 힘이 강해서 내가 오늘을 살아가는 데 귀중한 자산이 되었다.

내가 〈유퀴즈〉에 출연해서 "나는 다시 가난해질 자신이 없습니다."라고 말할 수 있었던 것도 이 때문이다. 무엇이든 가리지 않고 해봤기 때문에, 돈을 벌 수 있는 파이프라인을 많이 만들어봤고, 그 경험으로 하지 못할 일이 없다는 걸 알게 되었기 때문이다. 큰 실패도 경험하면서 나는 그렇게 나만의 무기를 발굴하고 단련시켰다.

꼰대 같은 말로 들릴지 모르지만 이건 정말 내 경험에서 나온 말이니 꼭 다시 한번 해주고 싶다.

"젊은 날의 경험은 다 피가 되고 살이 됩니다."

자, 이제 자리를 털고 일어나 뭐든 해보길 권한다. 무엇이든 딱 석 달만 해봐라. 석 달만 해보면 나한테 맞는지 맞지 않는지 스스로 알게 된다. 그리고 그런 경험을 할 수 있는 건

20대 때뿐이다. 30대가 되면 안정적인 직장을 가져야 하고, 40~50대에는 자기 분야에서 프로페셔널로 인정받아야 한다. 이때는 이것저것 하기보다는 나만의 노하우와 무기를 갖추고 더 정교하게 갈고 닦아야 한다.

당신에게 주어진 찬란한 시간을 그냥 흘려보내지 말기 바란다. 아무것도 하지 않는 건 내 인생을 스스로 갉아먹는 일이다.

모든 인간에게는 누구나 똑같이 24시간이 주어진다. 이 시간을 어떻게 쓰는가는 온전히 자신의 몫이다. 물론 해야 할 게 많은 나이겠지만 자신만의 룰을 반드시 정해 두길 바란다. 지금 당신은, 당신의 소중한 시간을 어디에 할애할 것인가?

모든 것은
사람으로부터 온다

모든 것은 사람으로부터 오는 것 같다. 나는 김민재 선수를 만난 적은 없지만 어쨌든 나를 이 무대까지 이끌어준 단초가 되었다. 내 이름 정동식 앞에 꼭 붙어 다녔던 '김민재 닮은꼴 정동식'. 인터뷰할 때 간혹 내 이름이 덜 유명해서 서운하지 않느냐는 질문을 받는데, 나는 손사래를 치며 이렇게 답한다.

"김민재 선수는 범접할 수 없는 사람이에요. 조금이라도 비슷해야지 경쟁이 되는데, 그분은 거의 신이에요, 신! 김민재 선수가 나보다 나이는 열여섯 살 어리지만 따라갈 수 없는 사람이죠. 존재 자체가."

내가 혼자 뛰어나서 여기에 서 있는 것이 아니라 뛰어난 누군가가 내게 영향을 주고, 함께 살아가면서 지금의 자리에 서게 된 것이다.

축구, 야구, 농구 같은 팀스포츠 선수 생활을 해본 사람들은 다 알 것이다. 아니, 취미로 해본 사람도 다 알 것이다. 내가 뛰어나다고 해서 경기가 잘 풀리는 건 아니라는 사실을 말이다. 한 명의 좋은 선수가 태어나려면 수많은 사람들의 도움이 반드시 필요하다. 위대한 팀은 선수 모두가 서로서로 도움을 주고받는다. 메시가 있고, 음바페가 있다고 해도, 즉 아무리 뛰어난 선수가 있다고 해도 혼자서는 최고의 팀을 만들 수 없다.

비단 스포츠뿐 아니라 인생도 마찬가지이다. 내가 아무리 잘났다고 해도 혼자 세상을 살 수는 없다. 반대로 내가 아무리 보잘것없고 나약한 존재여도 사람들이 나를 다시 일으켜 세우고 도와준다. 이건 반드시 기억해야 할 인생의 진리이다. 그런데 우리는 가끔 이런 사실을 잊어버리곤 한다.

나도 한때는 세상에 나 혼자라고 생각한 적이 있다. 부모님과도 뿔뿔이 흩어지고 형과도 서로 자기 인생 사느라 거의 만나지 못하고, 친구도, 선배도 없어서 내 인생이 더 외롭고 고달픈 거라고. 내가 시련을 겪을 때 누가 옆에 있었으면 달랐을 거라고. 그런데 더 많은 시간을 살아오니 이제는 안다. 지금껏 내가 이렇게 살아낼 수 있었던 건 나를 격려하고 응원하고 지지해 준 수많은 사람들이 있었기 때문이란 걸 말이다.

나이가 들수록 사람이 재산이라고 말한다. 그건 정말 맞는 말이다. 물질적인 도움을 받는다는 것이 아니라, 서로의 온기로 삶을 더 생동감 있게 만들어주기 때문에 귀중한 자산이라는 것이다. 그러니 나와 인연 맺은 사람은 인생에서 절대 놓치면 안 된다. 귀한 인연을 더 아끼고 소중하게 대해야 한다.

나는 그래서 스치는 인연도 쉽게 생각하지 않는다. 원래도 사람을 좋아하지만, 사람들에게서 받은 지지와 응원이 더 힘을 내게 만들어주었으니까. 그런데 관계는 그냥 지속되는 게 아니다. 좋은 관계를 잘 유지하려면 나도 노력해야 한다.

나는 그래서 나와 인연 맺은 사람들을 친절하게 대하려고 노력한다. 퀵서비스 배달을 하거나 거리를 청소하면서, 그리고 강연장 등에서 나는 정말 많은 사람들을 만났다. 그들에게 내 호의를 가장 빨리 전달할 수 있는 게 친절이다. 내가 먼저 친절하게 다가가면 상대방도 나에게 친절을 보여준다. 그리고 그런 짧은 인연이 쌓이고 쌓이다 보면 친구가 되고, 서로가 서로에게 도움을 주고받는 사이가 된다.

다양한 일을 해온 덕분에 참으로 다양한 이들을 만났다. 그래서 나는 이제 처음 만나는 사람과도 인사를 하고, 이야기를 나누고, 웃음을 주고받는 게 편안하고 재미있다. 새로운 사람들이 주는 에너지가 모두 다르니까. 나이도, 직업도, 성별도 다 걸림돌이 되지 않는다. 그저 내가 먼저 마음을 열고 다가가면 될 뿐이다. 그렇게 한 발짝 다가가면 상대방도 나에게 마음을 열고 한 발짝 다가온다. 서로의 거리가 좁혀지고 더 좋은 관계, 서로가 힘이 되는 관계로 나아갈 수 있게 된다. 그래서 요즘 난 우스갯소리로 이렇게 말한다.

"난 모르는 사람 누구하고든 10분 안에 친구가 될 수 있어!"

내가 먼저 친절하게 다가가 좋은 인연이 된 경우는 너무나 많은데 그중 기억에 남는 사람들이 있다.

먼저 내게 퀵서비스를 전담해서 맡기는 화가님이다. 어느 날 퀵서비스 콜을 받고 물건을 받으러 갔더니 그림을 배송해 달라고 했다. 슬쩍 보니 화가님이 걱정하시는 것 같아서 더 주의해서 옮겨야 할 것 같았다.

'보내는 사람도 불안할 테니 내가 더 신경을 써야겠다.'

나는 정성스럽게 포장을 다시 하고, 배송 후에 사진을 찍어서 배송 상태를 알려주었다. 그랬더니 바로 문자가 왔다.

"기사님, 정말 감사합니다. 그림 망가질까 봐 퀵으로 보내면서도 걱정했는데, 너무 소중히 다뤄주셔서 감사해요."

진심이 담긴 메시지여서 기분이 좋았다. 상대도 기분 좋게 만들고, 덕분에 나도 기분이 좋아진 그런 메시지. 이런 감사 인사를 받으면 보람이 느껴지고 힘들었던 순간도 싹 잊힌다.

"네, 감사합니다. 앞으로도 그림 배송하실 일 있으면 언제든 연락주세요."

그 뒤로 정말 몇 번 더 연락이 왔고, 그러다 보니 화가님과도 인사를 하게 되었다.

"기사님, 항상 제 그림 소중하게 여겨주셔서 너무 감사드려요."

한 번은 킨텍스에서 전시된 그림을 다시 보관 장소로 옮겨 달라는 연락이 왔다. 나는 전시장으로 가서 평소 하던 대로 그림을 잘 포장하고 짐을 옮기고 있었다. 그런데 〈유퀴즈〉 출연 이후여서 그런지 알아보는 사람들이 있었다.

"어, 저분 그분인데…."

"누구, 누구…."

"맞네, 방송에 나온 그 청소부 축구심판!"

사인을 해달라는 요청이 몰려들면서 밖에서 기다리던 화가님이 전시장 안으로 들어왔다. 내가 사인하고 있는 걸 보고서는 "어머, 이렇게 유명하신 분인 줄 몰랐어요."라며 나중에 내 책이 나올 때 디자인도 봐주겠다며 배려의 말을 해주었다.

얼마나 기쁜 일인가. 내 사소한 노고와 친절이 누군가에게 기쁨이 되고, 믿음과 신뢰를 줄 수 있다니 말이다. 더불어서 친구 같은 인연과 고정적인 고객도 얻은 것이니 그야말로 일석이조 아닌가!

이런 사소한 일들이 계속해서 인연을 만들어준다. 유명 카페이자 커피회사인 '프릳츠' 사장님과의 인연도 이런 작은 일에서 시작되었다. 제주도에서 열리는 경기의 심판 일정이 잡혀서 제주도 공항에 내렸는데 한 남자분이 내게 다가와 말을 건넸다.

"저, 안녕하세요. 혹시 정동식 심판님이신가요?"

〈유퀴즈〉에 출연한 뒤로 이런 인사를 건네는 분들이 많아서 나도 반가운 마음으로 익숙하게 인사를 건넸다.

"아, 예. 맞아요. 안녕하세요."

"저, 정말 정동식 심판님 팬이에요. 〈유퀴즈〉 보고 진짜 감동받았습니다."

"하하, 고맙습니다."

밝은 표정의 남자분은 주섬주섬 자신의 명함을 꺼내 건넸다. 명함에는 '프릳츠 대표'라고 쓰여 있었다. 처음 보는 낯선 브랜드였다.

"프릳츠? 옷가게인가요?"

"하하, 그냥 조그맣게 커피숍 하나 하고 있습니다."

"아, 커피숍이군요."

"나중에 시간 나실 때 저희 가게에 한번 오세요. 맛있는 커피 대접해 드릴게요. 양재동에 있어요."

양재동이면 내가 일하는 곳과도 가까웠다. 어쨌든 반가워하면서 인사를 건네주신 마음이 고마워서 꼭 한번 가보겠다고 말씀드렸다.

"아, 그래요? 잘됐네요. 제가 요즘 인터뷰가 꽤 자주 잡히는데 프린츠에서 할게요."

"앗, 감사합니다! 꼭 오세요!"

우리는 그렇게 인사를 하고 헤어졌다. 그날 경기 일정이 모두 끝나고 문득 프린츠라는 회사가 궁금해졌다. 검색을 해보고 나는 정말 깜짝 놀랐다. 작은 커피숍 하나 하고 있다고? 겸손도 이런 겸손이 없다. 내가 상상했던 것보다 더 큰 사업을 하는 분이었다. 어쨌든 그날의 인연으로 나는 인터뷰나 사람을 만날 일이 생기면 무조건 프린츠로 갔다. 덕분에 이제는 카페 직원들과도 친해져서 마음 편하게 오고 가며 대화를 주고받는 사이가 되었다. 짧은 인사 한마디로 인연이 맺어지고, 그렇게 맺어진 인연으로 인해 다른 사람과의 인연도 자연스럽게 이어진 셈이다.

사람 인연이라는 게 참 신기하지 않은가. 어쨌든 이렇게 인연은 꼬리에 꼬리를 물고 확장된다. 그리고 그렇게 인연 맺은 사람들이 나를 도와주고, 내가 그들을 도우면서 삶은 더 충만해지고 풍성해진다. 이런 게 사는 재미가 아닐까?

살다 보면 외롭고 지치고 팍팍하다는 생각이 들 때가 많겠지만 기억하자. 그럴 때마다 결국 나를 일으켜 세우고, 나에게 손을 내미는 건 사람이라는 걸. 인간관계가 덧없다고 느끼는 사람들이 많다는 걸 나도 안다. 그렇다고 해도 사람에 대한 애정을 놓지 않았으면 좋겠다. 우리가 마지막에 기대야 할 건 결국 사람이니까 말이다.

오늘도 나는 거리를 청소하다가 잠깐 쉴 때 만나는 등교하는 아이들, 등원하는 아이들을 보며 반갑게 손 흔들며 큰 소리로 인사한다.

"애들아, 안녕. 오늘도 즐겁게 보내라."

그러면 어느 누구도 내 인사를 마다하지 않고 반갑게 고개를 숙이고 손을 흔든다. 그 맛에 다시 일어서 일을 한다. 나는 내 주위를 스쳐 가는 모든 사람들이 귀하고 반갑다. 그런 마음으로 하루하루를 살 것이다.

아이들에게
물려주고 싶은 진짜 유산

나의 아들 삼형제도 이제 다들 초등학생이다. 바르고 착한 아이들인데, 어느덧 말귀도 다 알아듣고, 생활 태도가 잡혀갈 나이까지 컸다. 나는 아이들을 보면서 좋은 아빠가 되고 싶다는 생각을 종종 한다. 솔직히 나는 다른 집 아빠들처럼 아이들과 많은 대화를 나누고 몸으로 놀아주는 친절하고 다정다감한 성격은 아니다. 아이들을 칭찬으로 키우는 아빠도 아니다. 오히려 사실대로, 솔직하게 이야기해 주는 편이다.

아이들을 칭찬과 사랑으로 키우는 건 분명 좋은 양육 태도이다. 하지만 무조건적인 칭찬과 과한 사랑이 아이들의 미래에 도움이 된다고 생각하지는 않는다. 그래서 하고 싶은 일은 지원해 주면서도 내 생각은 솔직하게 전해 주고는 한다. 축구를 하고 싶다는 첫째 아이에게는 이렇게 말해 주었다.

"하고 싶은 게 있는 건 좋아. 하지만 훌륭한 축구선수가 되긴 힘들 거야. 축구선수 하기엔 체격 조건이 축구선수하고는 맞지 않거든. 그러니까 축구는 취미생활로 즐겨. 네가 축구 하는 거 좋아하니까 축구교실은 보내줄게. 하지만 축구선수가 될 생각은 하지 마라."

학원에 가기 싫다고 하는 아이에겐 또 이렇게 말해 준다.

"학원 가기 싫다고? 그럼 가지 마. 공부로 승부 볼 거 아닌데 공부해서 뭐하냐. 하지만 네가 좋아하는 게 뭔지는 스스로 찾아."

그러고는 늘 이렇게 말한다.

"커서 너희들이 뭘 하면서 먹고살 것인지 너희들이 길을 찾아야 해. 엄마 아빠는 너희들이 스무 살이 되면 다 집에서 독립시킬 거야. 그 뒤부터는 너희들이 알아서 살아."

내가 이렇게 말하면 아이들은 묵묵히 듣는다. 아이들에게 스스로 인생을 선택하고 살아가도록 북돋우면서도 현실적인 조언도 함께 해주는 것이다. 그래도 우리 아이들은 내가 경험한 것들이 반영된 잔소리라서 그런지 내 말을 잘 들어준다.

나는 우리 아이들이 공부든 운동이든 자립이든 스스로 하길 바라고, 자기 자신을 냉정하게 파악하길 바란다. 솔직히 공부는 잘할 수 있는 아이들만 하면 된다. 머리가 안 되고, 하기도 싫어하는 아이들에게 아무리 공부를 떠먹여줘도 아이들은 소화하지 못한다. 억지로 시키는 부모가 무서워 그대로 따라간다 한들 언젠가는 탈이 난다. 아이가 죽을 만큼 수학 학원에 가기 싫다는데 아이를 억지로 수학 학원에 보내서 얻을 수 있는 게 과연 뭘까? 공부를 좀 못하면 어떤가. 나도 일찌감치 공부와 담을 쌓았지만 지금은 또 이렇게 잘 살고 있지 않은가. 죽을 때까지 배우는 게 인생이니 어린 시절부터 배움에 지치게 만들 필요는 없지 않을까? 살면서 배워도 늦지 않는다.

　　하지만 이렇게 스스로 선택하게 한다고 해도 절대로 타협할 수 없는 원칙도 물론 있다. 학교 가기 싫다고 마음대로 결석하고, 수시로 지각하는 건 절대 안 된다. 그건 성실성의 문제니까 꼭 지켜야 한다. 학생이 해야 할 최소한의 일이니까.

　　또 한 가지 나는 아이들에게 인사 하나만큼은 철저히 가르친다. 첫째 현우와 같이 〈유퀴즈〉 촬영장에 갔을 때도 아이가 어찌나 인사를 잘하던지 작가님들이 참 예뻐해 주었다. 아파트 단지에서도 우리 아이들은 인사를 참 잘한다. 경비 아저씨를 만나도 청소 아주머니를 만나도 깍듯하게 인사를 한다. 인사는 존중하는 태도의 기본이니 무엇보다 중요하다.

　이런 기본적인 것들만 잘한다면 영어 문법 하나 더 외우는 것보다 자기 자신에 대해 정확히 알고 파악해 나가는 시간이 더 중요하다고 생각한다. 나는 무엇을 좋아하는 사람인가, 뭘 잘하는 사람이고, 뭘 할 때 가장 행복한가, 나는 지금 뭘 하고 싶은가 하는 문제들 말이다. 그래서 나는 아이들이 배우고 싶다고 하면 웬만하면 가르치려고 한다. 여러 경험을 해봐야 자기 길을 찾아갈 수 있다. 그 과정에서 실패하고 포기하는 일이 있어도 괜찮다. 그게 다 지혜가 되고 재산이 된다.

　우리집 현관문에는 '할 수 있다, 할 수 있다, 할 수 있다.'라는 문장이 붙어 있다. 현관문을 나갈 때마다 '할 수 있다.'는 마음으로 아이들이 운동화 끈을 질끈 메고 밖으로 뛰쳐 나갔으면 좋겠다. 행동하지 않으면 아무것도 얻어지는 게 없다. 그 과정에서 다양한 경험을 쌓고 독립심을 길렀으면 좋겠다. 내가 아이들에게 벌써부터 독립 얘기를 하는 건 그게 당연한 거라고 아이들이 받아들이길 바라기 때문이다.

　아이들이 자기 인생의 주인으로 올바르게 서면 좋겠다. 누구한테도 의지하지 않고, 기대지 않고 당당하게 자신의 삶을 꾸려갔으면 좋겠다.

　나는 내 아이들이 작은 세상에 주눅 들어 살지 않길 바란다. 그러려면 스스로에 대한 자기 인식이 가장 중요하다는 걸 안다. '나에 대한 확신' 그것만이 스스로가 독립적으로 살 수 있는 힘이 되어줄 테니까. 내가 냉정하고 솔직하게 아이들에게 이야기하는 것도 아이들이 자신을 더 잘 알기 바라는 마음에서이다. 단, 그 평가가 깊은 사랑에서 나온다는 걸 충분히 보여주려고 애쓰면서 말이다.

제2의 인생을
꿈꾸며

나는 이제 인생의 절반 정도를 살았다. 환경공무관 정년은 60세이니까 그때까지는 거리에서 청소를 하고 있을 것이다. 축구심판은 50대 초반까지 할 수 있지 않을까 싶다. 물론 지금처럼 관리를 열심히 해서 체력이 받쳐준다면 말이다.

지금 나의 가장 가까운 목표는 피에를루이지 콜리나처럼 유명하고 실력 있는 축구심판으로 남는 것이다. 이탈리아 출신인 콜리나 심판은 아마 전 세계에서 가장 유명한 심판일 것이다. 축구를 넘어 모든 스포츠 심판을 통틀어서도 그렇다. 이름은 몰라도 시원한 대머리에 파란 눈을 가진 심판이라고 하면 '아하!' 하며 얼굴이 떠오를 것이다. 독특한 외모 때문에 '외계인'이라는 별명을 가지고 있는데, 사실 이 심판이 유명해진 진짜 이유는 뛰어난 실력 때문이다. 그는 명심판으로 이름이 높다. 무엇보다 자기 주관을 가지고 뚜렷하게 심판을 보는 사람으로, 공정하기로 유명하다.

사실 공정하다는 건 굉장히 어려운 일이다. 공정하다는 기준도 명확하지 않을뿐더러, 심판의 판정은 늘 어느 한쪽의 불만을 자아내기 때문이다. 하지만 콜리나 심판의 판정에는 그런 불만이나 구설수가 거의 없다. 반칙을 귀신같이 잡아내기도 하지만, 옐로카드와 레드카드를 주는 것도 매우 신중한 편이어서 심판이 경기를 좌지우지하려고 한다는 비난을 들은 적이 거의 없다.

그렇다고 선수들이나 코치진에게 휘둘리는 것도 아니다. 카리스마가 대단해서 선수들이 판정에 항의하거나 신경전을 벌일 때도 절대 선수들에게 밀리지 않는다. 그만큼 설득력 있는 판정을 한다는 뜻이다. 그러니 선수들도 콜리나 심판에게 대들거나 항의하는 일이 거의 없다.

이런 명성은 그냥 얻어진 게 아니다. 그만큼 선수들과 각 팀의 플레이에 대해 끊임없이 공부하기 때문에 그 노력이 실력이 된 것이다. 월드컵 결승전 심판도 여러 번 보았는데, 그런 중요한 경기에서는 각 팀의 전술과 코칭 스태프들의 성향, 각 선수들 간의 관계까지 다 머릿속에 넣고 경기에 임한다고 한다. 그래야 경기의 흐름을 예상해서 그 자리에 미리 가 있을 수 있기 때문이다. 남들이 보지 못하는 반칙까지 다 잡아내는 날카로움은 그냥 얻어진 게 아니다.

우리나라에서는 축구팬들조차 심판의 이름을 기억하고 좋아해 주는 일이 거의 없다. 나는 그나마 〈유퀴즈〉라는 인기 프로그램에 출연했고, 김민재 선수를 닮았다는 이유로 유명세를 타서 알아보는 사람이 많고, 경기장에 가면 사인 요청을 하는 사람들도 있지만, 이런 관심이 오래갈 것이라고 생각하지 않는다. 그런 환호에 들뜨고 거만해질 나이도 아니다.

내가 진심으로 바라는 것은 내 개인의 인지도가 높아지고 인기를 얻는 것이 아니다. 우리나라 심판계의 처우 개선과 저변 확대이다. 아마추어리그 심판도, K2, K3, K4 심판도 심판 활동만으로도 먹고살 수 있을 만큼 처우가 개선된다면 좋은 심판이 더 많이 나올 수 있다. 나는 비록 나이 때문에 국제심판이 될 수는 없지만, 우리나라에서도 월드컵 경기 주심으로 활동하는 심판이 배출되었으면 하는 게 나의 바람이다.

이미 말한 대로 나는 오랫동안 축구심판으로 활동할 수 있기를 바라고, 이를 가까운 목표로 삼고 있다. 냉철한 판단력으로 경기에 보탬이 되고, 공정한 판정으로 많은 사람에게 인정받는 심판이 되고 싶다. 그러기 위해서 나는 지금껏 그래왔던 것처럼 앞으로도 매일 체력 훈련을 할 것이고, 축구 경기를 보고 또 보면서 축구를 공부할 것이다.

그리고 나는 또다른 꿈을 꾸기 시작했다. 축구와 일이 있는 지금의 삶이 나는 만족스럽다. 하지만 만족한다는 것이 현재에 안주하며 이대로 변화 없이 살겠다는 뜻은 아니다. 나는 여전히 꿈을 꾼다. 내 삶이 다른 이의 삶에 희망이 되는 꿈을 말이다.

나는 학창 시절 내내 운동만 하며 살아왔고, 졸업한 뒤에도 부모님의 도움 없이 생활해야 했기에 늘 혼자서 결정하고 혼자서 그 결과를 감당해야 했다. 그러다 보니 시행착오도 많아서 사기를 당한 적도 많다. 만약 그때 내 주위에 조언해 줄 사람이 있었고, 인생의 길을 함께 고민해 줄 멘토가 있었다면 어땠을까 하는 생각이 들 때가 있다. 물론 혼자서 살아온 지난날들이 나를 더욱 단단하고 굳건하게 만들었지만, 그 과정이 너무 힘들고 고통스러웠다.

그래서일까? 나는 사회생활을 하면서 늘 누군가에게 도움이 되는 삶을 살고 싶다고 생각했다. 열심히 살고 성공해서 나처럼 힘들어하고 고민하는 운동선수들을 대상으로 내 경험을 공유하고, 그래서 그들이 조금이라도 시행착오를 덜 겪을 수 있도록 도와주고 싶다. 운동선수로 성공하는 사람들은 극소수이기 때문에 그 과정에서 좌절하고 절망하는 운동선수 출신이 너무 많기 때문이다. 물론 자신의 환경을 탓하며 삶의 의욕을 잃은 젊은이들에게도 도움이 되고 싶다. 거창한 도움이 아니라, 그저 내가 살아온 이야기를 들려주면서 용기와 희망을 주고 싶다.

말에는 힘이 있다. 그리고 누군가의 진실된 경험은 자신의 삶을 되돌아보게 하는 힘이 있다. 그러니 내 이야기가 누군가에게는 삶을 다시 바라보게 하는 계기를 만들어줄 수 있지 않을까.

이야기한 것처럼 〈유퀴즈〉에 출연하여 내 인생 스토리가 알려지면서 많은 강연 요청을 받고 있다. 나는 아무리 바빠도 강연 요청은 가능한 한 전부 응한다. 내 인생 이야기가 누군가에게 동기 부여가 되고 작은 행동의 변화를 일으킨다면 그것만큼 값진 일이 없기 때문이다. 정말 보람되고 행복한 일이다. 나는 그래서 동기 부여 강사로 제2의 인생을 살고 싶다. 강연으로 끝나는 게 아니라, 운동선수들의 경우는 은퇴한 후 사후 관리까지 도와주고 싶다.

아직 부족한 게 너무나 많고, 그러기 위해서는 공부해야 할 것도 많지만, 그 목표를 위해 차근차근 과정을 밟고 있다. 꿈꾸는 자만이 꿈을 이룰 수 있을 테니까.

나는 '거리를 청소하는 축구심판'이다. 환경공무관 일이 감사하고, 축구심판으로 필드를 누비는 일이 행복하다. 환경공무관으로 일하며 추운 새벽에 거리를 청소하고 있으면 수고한다며 작은 약과를 건네주는 사람들이 있어 고맙고, 지나가면서 감사하다고 큰 소리로 인사하는 사람들이 있어 기쁘다. 누군가에게는 보잘것없는 일인지 모르지만 나에게는 내 생활을 지탱해 주는 너무나 소중한 일이다.

축구심판은 또 어떤가. 심판은 내 삶의 중심이자 에너지원이다. 환경공무관으로 성실하게 일할 수 있는 연료가 되는 일이다. 살아 있음을 느끼게 하고 더 잘하고 싶게 만들고 내 이름을 자랑스럽게 세워주는 일이다.

오늘도 나는 이 두 가지 인생의 추를 맞추며 살아간다. 지금에 충실해야 미래가 가능하다는 걸 잘 알고 있기 때문이다. 나는 혼자 아등바등하며 살아왔고, 그 치열함으로 여기까지 왔다. 결코 녹록지 않은 인생이었지만, 그랬기에 값지다고 생각한다.

나에게는 지켜야 할 사람들이 있고, 이루어야 할 것들이 아직 남아 있다. 그래서 나는 여기서 멈추지 않는다.

그리고 한 가지 바람이 있다. 내 이름이 잊힌다 해도 내 이야기를 듣고, 읽었던 사람들이 이거 하나만은 꼭 기억해 주면 좋겠다. 거리를 청소하는 행복한 축구심판, 여전히 꿈꾸는 안주하지 않는 사람으로.

인내의 힘

내 목표가 뚜렷하게 있다면 포기하지 말고 올인하라. 그게 10년이 걸리든 20년이 걸리든 언젠가는 성공하는 길이다. 실패하는 사람들을 보면 발을 깊숙이 담그지 않은 채 포기해 버리는 경우가 많다. 나도 연봉 많이 준다고 조선업에서 일해 보지 않겠느냐는 유혹도 있었다. 그런데 축구를 포기하고 싶지 않았다.

옆에서 "월급 조금 더 줄게. 야, 그 회사 별로 안 좋아. 우리 회사 진짜 좋아. 이쪽으로 옮기자." 그러면 한 1~2년 하다가 상사가 뭐라고 한번 하면 바로 이직해 버린다. 그런데 장기적으로 보면 그런 사람들은 절대 성공하지 못한다. 내가 40대가 되어 보니 알겠다. 자기가 선택해서 그런 고난을 버텨낸 사람은 40대 중반이나 50대에 어느 한 자리를 차지하고 있다. 아무리 짜증스러워도 버티면 살아남는데 대부분의 사회초년생들은 마음에 안 들고 짜증나고 싫으면 손절해 버린다. 이렇게 옮겨 다니다 보면 30대 중반쯤 되었을 때 남는 게 하나도 없다. 그냥 월급쟁이로 월급만 받고 있다.

한우물을 파라. 스스로 목표를 정했으면 어떤 풍파에도 흔들리지 말고 자기가 옳다고 생각하는 길로 가는 거다. 나는 그 얘기를 정말 해주고 싶다. 20대에 목표를 정하는 게 가장 중요하다. 그리고 치열하게 최선을 다해서 최고가 돼라! 최선을 다하면 후회가 없다. 인생 올인이다!

최고의 순간은
아직 현재진행형

이야기한 것처럼 요즘 거리를 다니다 보면 알아보는 사람들이 부쩍 더 늘었다.

"정동식 심판님이시죠? 와아, 반갑습니다! 사인해 주세요!"

"〈유퀴즈〉 너무 잘 봤어요. 저도 막 울었잖아요. 정말 감동이었어요."

"정동식 심판님, 너무 멋있어요. 오늘도 파이팅!"

이런 인사를 많이 건네주신다. 너무 기쁘고 행복하다. 심판 보러 경기장에 가거나 아이들과 축구 경기를 보러 가도 많은 분들이 알아봐주시고, 악수를 청하거나 사인을 해달라고 하신다. 처음에는 엄청 쑥스러웠지만, 이제는 어느 정도 익숙해져서 웃으며 농담하고 장난도 치면서 즐겁게 인사를 나눈다. 나는 사람들이 '심판'이라고 불러줄 때 가장 기분 좋고 행복하다.

'정동식 심판님!'

나는 이 호칭이 너무 자랑스럽다. 내가 하는 일에서 인정받은 느낌이 든다. 내 체력이 다하는 날까지 오랫동안 그라운드에서 뛰고 싶다. 이 일이 나의 천직이고 나의 자랑이기 때문이다.

그렇게 최선을 다해, 온 힘을 다해 뛰고 그라운드에서 내려오면 인생 2막에는 '강연하는 정동식'으로 살고 싶다. 〈유퀴즈〉 출연 이후 수많은 강연을 다니면서 내가 이 일을 꽤 즐기고, 재능이 좀 있다는 걸 알았다. 그리고 청중들의 반응이 정말 감사하다. 나이가 어릴수록 내 이야기에 감명을 받고 동기를 얻으며 감사의 메시지를 전해 준다. 그만큼 젊은이들이 살기 힘든 시대라는 뜻일 것이다.

"심판님, 오늘 강연 정말 잘 들었습니다. 저도 다시 한번 파이팅을 해야겠다고 생각했어요. 전 사실 심판님처럼 어려운 환경은 아니거든요. 한번도 제대로 해보지 않고 너무 불평불만만 많았던 것 같아요. 저도 심판님처럼 열심히 살아보려고요. 정말 감사합니다!"

"심판님, 오늘 강연 들으면서 정말 많은 걸 느꼈어요. 그렇게 열심히 사니까 보답을 받는 날도 있다는 걸 알았고요. 요즘 너무 힘들었는데 힘이 났어요. 저도 후회 없이 열심히 제 일에 몰두해 보겠습니다!"

"제가 심판님이 말씀하신 걱정만 많은 사람이에요. 무슨 일을 하고 싶어도 너무 생각이 많고 걱정이 되어서 잘 추진하지 못하거든요. 그런데 오늘 심판님 강연 듣고 일단 시작해 보는 게 중요하다는 생각이 들었어요. 실패는 두렵지만 그래도 해보려고요. 심판님 강연에서 많은 것을 배우고 갑니다!"

이런 메시지를 받을 때마다 가슴이 벅차오른다. 내가 살아온 이야기가 그들에게 '나도 할 수 있다.' '나도 한번 해보자.'라는 마음이 들게 하고, 동기 부여가 된다면 그것만큼 의미 있는 일도 없다.

좋은 강연자가 되기 위해서는 나만의 스토리가 있어야 하고, 그 스토리를 정제해서 잘 전달할 수 있는 말하는 기술도 있어야 한다고 생각한다. 나는 그런 강연자가 되기 위해 또 하루하루 훈련하고 노력하고 있다. 매일 책을 읽고 좋은 강연자의 강연도 보면서 차근차근 준비하고 있다.

그리고 충분히 오랫동안 준비해서 '정동식 재단'을 만들고 싶다. 운동을 하다가 자의로든 타의로든 그만둔 후배들을 돕고 싶고, 재능이 있지만 가난한 젊은 친구들에게 도움이 되고 싶다. 나도 살면서 많은 사람들에게 도움을 받아왔기에 그만큼 사회로 되돌려주어야 한다고 생각한다. 물론 쉬운 일이 아니라는 걸 잘 알고 있다. 하지만 나는 늘 사람들이 말도 안 된다며 비웃는 꿈을 실현하며 살아왔다. 스스로에게 내 꿈을 인식시키고 사람들에게 알리면서 행동으로 보여줬다. 인생 2막도 지금처럼 그렇게 뚜벅뚜벅 걸어갈 것이다.

나는 언젠가는 지금의 인지도가 사그라든다는 걸 잘 알고 있다. 그래서 지금의 나에게 도취되어 경거망동하지 않으려 애쓰며 늘 더 나은 사람이 되려고 노력하고 있다. 지금의 환호와 박수는 사라질지 모르지만, 나의 삶은 계속되기 때문이다. 그 남은 삶을 내 꿈으로 꽉꽉 채워 부지런히 살고 싶다. 나는 지치지 않는, 삶을 사랑하는, 포기할 줄 모르는, 늘 달리는, '김민재 닮은꼴'이 아닌 '인간 정동식'이니까.

정동식이 정동식에게

청소년 시절부터 지금 현재까지도 참으로 치열하게 살아가고 있다. 남들처럼 평범하지 않게, 그야말로 상식을 파괴하는 삶을 사는 것 같다. 가끔 왜 이렇게 치열하게 사는지 의문이 들 때도 있지만 맡은 바에 최선을 다하고 현재에 충실하는 마음으로 열심히 사는 네가 자랑스럽다. 나 역시 몸이 아프고 정신이 약해질 때가 있다. 나 자신을 위해서 쉬어가고 싶다는 생각을 하면서도 몸 컨디션이 돌아오면 언제 그랬냐는 듯이, 또다시 치열하게 살아간다.

오늘도 열심히 살아가고 있는 동식아, 넌 아들이 세 명이다. 책임감을 가지고 더 노력해라. 딱 60세까지라도 열심히 일해라. 그게 네가 사는 이유이다.

K리그 심판 정동식

간절하면 이긴다.

나는 절대
포기하지 않는다

1판 1쇄 인쇄 2023년 11월 21일
1판 1쇄 발행 2023년 11월 27일

지은이 정동식

발행인 양원석
본부장 김순미 　**인터뷰 어시스턴트** 김민서
편집부 담당 이아람 　**디자인** 김유진, 김미선
영업마케팅 양정길, 윤송, 김지현, 정다은, 백승원
표지 및 본문 사진 FA포토스

펴낸 곳 ㈜알에이치코리아
주소 서울시 금천구 가산디지털2로 53, 20층 (가산동, 한라시그마밸리)
편집문의 02-6443-8842 　**도서문의** 02-6443-8800
홈페이지 http://rhk.co.kr
등록 2004년 1월 15일 제2-3726호

ISBN 978-89-255-7572-8 (03190)